일곱 번째 감각-ㅅ

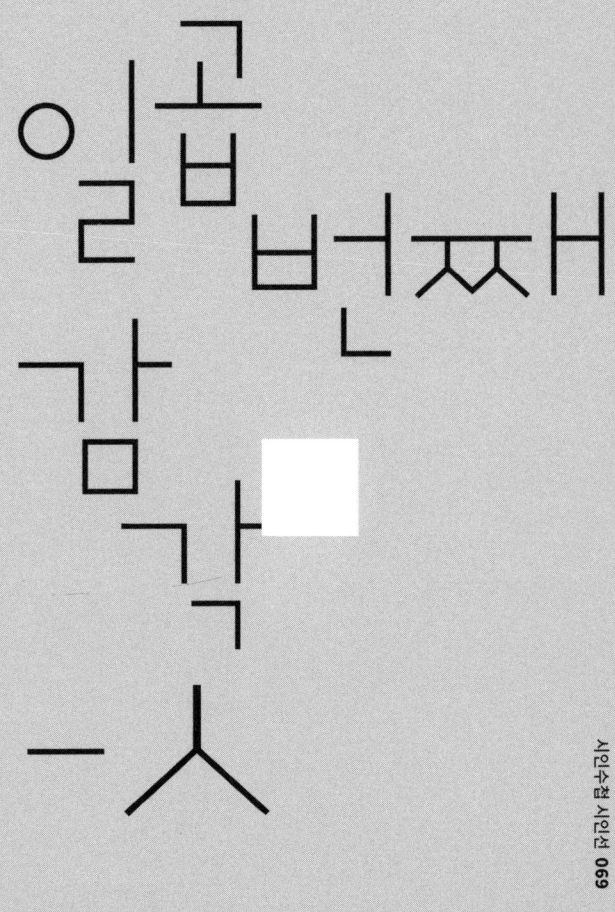

일곱 번째 감각

시인수첩 시인선 069

이혜미 박성준 황종권 신승민
문혜연 서종현 이진양

여우난골

| 시작하며 |

젊은 시협의 출발

유자효(한국시인협회 회장)

　시는 청춘의 예술입니다. 사람의 재능 가운데 예술적 재능이 가장 일찍 발현되고, 문학에서는 시가 가장 예술성이 강한 장르이기 때문입니다.
　프랑스에서 어린이들이 유치원에 입학하면 시를 외우게 하고, 초등학교에 진학하면 시를 정규 교과목으로 배우게 하는 것도 바로 시가 그 재능이 일찍 발현되는 예술이기 때문일 것입니다. 그 가능성을 놓치지 않으려 하는 교육자들의 심모원려가 있었겠지요.
　예술에서 타고나는 재능이 얼마나 중요한가는 아르튀르 랭보를 보면 잘 알 수가 있습니다. 랭보는 10대 때 시인으로서의 창작 활동을 끝냅니다. 그것만으로도 그는 포올 베를레느, 스테판 말라르메와 함께 프랑스 상징주의의 세 별 가운데 하나로 불리우지요. 섬광과도 같은 천재성의 예리함을 랭보에게서 발견합니다. 그 천재성이 얼마나 찬란했으면 베를레느가 동성애를 느꼈겠습니다. 현대무용의 기수 이사도라 덩컨이 평생 결혼하지 않겠다는 스스로의 결심을 꺾고 18세 연하인 러시아 시인 세르게이 에세닌과 법적인 결혼을 한 것도 시인의 천재성에 매혹됐기 때문이었습니다.

시를 써본 사람이라면 누구나 재능은 타고난다는 사실을 절감했을 것입니다. 노력만으로는 안 되는 세상, 도저히 극복 못할 벽이 존재한다는 사실을 알고 때로는 절망감을 느끼기도 했을 것입니다. 시를 쓰다가 재능의 한계를 느껴 좌절하는 경우가 있습니다. 동시대 천재 시인의 작품을 보고는 붓을 꺾고 다른 길을 선택하는 경우도 있지요.

한국시인협회가 젊은 시인들의 활동을 주목하는 이유도 시는 청춘의 예술임을 부인할 수 없기 때문입니다. 젊은 시인들의 시에서 번뜩이는 섬광을 발견하고 싶습니다. 그리고 천재성의 아름다움을 만나고 싶습니다.

한국시협 젊은 시인들의 모임인 '시옷'의 앤솔러지 발간을 축하합니다. 그리고 시협이 젊은 시인들의 활동의 요람이 되기를 바랍니다.

젊음은 아름답고, 그 아름다움의 결정인 시는 영원합니다. 여러분의 건투를 빕니다.

| 시인에게 |

시는 한없이 젊어져야 합니다

나태주(시인)

 이번에 우리 한국시인협회에서 지원하고 젊은 시인 일곱 분(이혜미, 박성준, 황종권, 신승민, 문혜연, 서종현, 이진양)이 힘을 합쳐 '시옷'이란 이름으로 앤솔러지가 나온다고 들었습니다. 참 잘된 일이고 기쁜 일입니다. 우리가 이미 잘 알고 있는 것처럼 시는 주관의 문학이고 서정의 문학이고 또 젊은 세대의 문학입니다. 시의 출발이나 언어적 호흡 자체가 젊은 사람의 것이고 감정에 치중해 있다는 말입니다.
 그런데 말입니다. 시가 자꾸만 사실로 가고 서사로 가려고 하는 경향이 있는데 이것은 우선적으로 좋은 현상이 아니라고 봅니다. 우선 편한 마음으로 내 얘기부터 시작해 보겠습니다. 나는 1945년 출생으로 1960년도 15세 때 공주에서 초등학교 선생님이 되는 사범학교란 이름의 학교에 다니면서 시인이 되기로 결심한 사람입니다. 꽤나 이른 나이에 시인을 꿈꾼 아이였지요.

그로부터 62년 흘러간 세월입니다. 시인으로 데뷔하고 창작시집을 50권이나 냈으니 낭비가 심하고 실수가 많았던 시인 인생이었다 하겠습니다. 하지만 말입니다. 나는 한 번도 나 자신 시를 쓰는 사람이 된 것을 후회해 본 일이 없고 또 시를 멀리 떠나 쉬어본 일이 없었습니다. 왜 그럴까요? 그것은 시가 나에게 필요한 것이었기 때문입니다. 흔히들 유명한 시인, 유명한 시를 말하지만 내가 유용한 시, 유용한 시인을 말하는 까닭이 여기에 있습니다.

시를 생각하는 시간은 꿈꾸듯 즐거웠고 시를 쓰는 일은 기쁨을 주었습니다. 정신적 희열이라 해야 할 것입니다. 한 편의 시를 쓰고 나면 그럴 수 없이 몸과 마음이 가벼워져 마치 새의 깃털로 하늘을 나는 듯하기도 했으니까요. 그렇습니다. 좋아한다는 것, 필요하다는 것, 즐긴다는 것은 우리가 살아가는 데 더없이 소중한 에너지입니다. 그렇게 시가 나에게는 중요한 과업으로 다가왔습니다.

우선 초기엔 나 자신의 감정만을 위해서 시를 썼습니다. 그렇지요. 시의 첫 번째 효능은 고백과 하소연에 있었거든요. 가슴속에 풍선처럼 부풀어 오른 감정을 어떻게든 밖으로 끌어내어 심정적 안정을 찾는 일이 급선무였거든요. 그것을 우리는 가끔 카타르시스라고 말하기도 합니다. 때로 시를 쓰는 일이 괴롭고 시가 잘 안 써질 때는 절망감이 있기도 했지만 시를 쓰면서 맛보는 희열은 그 모든 것을 상쇄하고도 남았습니다.

아마도 그것은 이 땅의 모든 시인들이 그럴 것이라고 생각됩니다. 하지만 나의 시는 중간에 가면서 비틀거리기 시작했습니다. 슬럼프와 위기가 온 것이지요. 한없이 풀어지고 길어지고 기백이 빠진 시들만 양산하고 있었습니다. 그 때 만난 것이 중국의 당시(唐詩)와 일본의 하이쿠입니다. 당시라면 한시(漢詩)인데 한시는 오언절구 칠언절구가 기본입니다. 말하자면 다섯 글자씩 넉 줄 20자, 일곱 글자씩 넉 줄 28자. 그 안에 모든 말을 다하고 모든 표현을 마쳐야 합니다. 물론 한자가 표의문자이기에 가능한 일이기도 했지만 그래도 이것은 우리에게 많은 시사를 줍니다.

나아가 일본의 하이쿠는 더 심한 축약을 요구하는 시 형식입니다. 5, 7, 5 총 열일곱 글자로 된 한 줄짜리 시가 하이쿠니까요. 더구나 나는 오랫동안 우리나라 고유시인 시조를 즐겨 읽어 왔습니다. 아시다시피 시조 역시 단시조가 기본인데 43자로 된 시 형식입니다. 한시는 우리에게 이미지를 요구하고 하이쿠는 축약을 요구하고 시조는 우리말 고유의 말법 사용을 요구합니다.

나의 시가 비틀거릴 때 이원섭 번역의 『당시』와 박순만 번역의 『일본인의 시정』이란 책을 만난 것은 하나의 행운이었습니다. 그 시절 나는 또 대전에 거주하고 있던 임강빈 시인으로부터 '정파리(定破離)'에 대한 이야기를 들었습니다. 무술에서 처음엔 정공법(定)을 학습하고 그다음에 파격(破)을 알고 마지막으로 전혀 새로운 자기만의 방법(離=異)을 터득해야만 상대방을 제압할 수 있다는 것입니다.

그런 점에서 나는 운이 좋은 사람이었습니다. 정파리 이론이야말로 헤겔의 정반합, 변증법과도 통하는 방법이 아닌가 생각했으니까요. 그로부터 조금씩 막혔던 시의 출구가 보이기 시작했습니다. 한의사들이 주로 말하는 일침(一針) 이구(二灸) 삼약(三藥)이란 말도 나의 시 쓰기에 참고가 되었습니다. 그러니까 첫 번째로 급하고 중요한 치료법이 침인데 시가 바로 침과 같이 한방에 급소를 쳐서 병증을 해소해야 한다는 이야기입니다.

그로부터 짧지만 강력한 언어 조합을 지닌 시들이 한둘씩 나오기 시작했습니다. 그 대표적인 예가 「풀꽃」입니다. 총 24자밖에 되지 않는 시입니다. 하지만 이 시에는 반복, 병치, 변용이 모두 들어가 있습니다. 반복, 병치, 변용이 바로 우리네 인생과 같습니다. 그것이 바로 시조와 당시와 하이쿠가 동시에 우리에게 요구하는 시의 요체이기도 합니다. '자세히 보아야 예쁘다/오래(병치) 보아야(반복) 사랑스럽다(병치)/너도 그렇다(변용).'

중간에 나는 그림책을 많이 보고 사진 잡지를 보고 음악을 자주 들었습니다. 이렇게 주변 예술도 시 쓰기에 도움을 줍니다. 그림은 직관력을 주고 사진은 순발력을 주고 음악은 리듬감과 생명감을 배우게 합니다. 그런 가운데 들은 중국 송나라 시절 소동파란 사람의 이런 말은 나에게 많은 시사점을 주었습니다. '시중유화(詩中有畵)요 화중유시(畵中有詩)'라! '시 가운데 그림이 있고 그림 가운데 시가 있다'는 말인데 나는 나름 이렇게 해석하기도 합니다. '시를 읽고 그림이 떠오르지 않으면 시가 아니고, 그림을 보고 시가 떠오르지 않으면 그 또한 그림이 아니다.'

좀 민망한 말씀이긴 합니다만 요즘 우리의 시가 한없이 늘어지고 길어지고 요설로 흐른다는 것은 매우 답답한 노릇입니다. 그것은 시의 소재인 감정에 '대해서' 쓰기 때문에 그런 것입니다. '대해서'는 변두리의 방법입니다. 그보다 직접적인 방법이 요구됩니다. 바로 '그것 자체'를 쓰는 것입니다. 나아가 '그것 자체가 되도록' 써야 합니다. 말하자면 슬픔을 소재로 쓸 때 슬픔에 대해서가 아니고 슬픔 그것 자체를 쓰자는 말이고 나아가 슬픔 그것이 되도록 쓰자는 말입니다. 나는 이것에 대한 방법을 미국의 색면추상 화가 마크 로스코의 그림을 통해서 배웠습니다.

시를 쓰면서 내가 들은 가장 좋은 말 몇 마디가 있습니다. '좋은 시란 어린이에게는 노래가 되고 청년에겐 철학이 되고 노인에겐 인생이 되는 시다.'(괴테) '위대한 시인은 훔치고 졸렬한 시인은 빌린다.'(T. S 엘리엇) '글을 어렵게 쓰면 평론가가 모이고 글을 쉽게 쓰면 독자가 모인다.'(알베르 카뮈)

시인은 나이가 많아져 몸이 늙어도 마음만은 어린이 같

아야 한다고 봅니다. 그런 점에서 노자 『도덕경』에 나오는 문장 '대교약졸(大巧若拙)'은 우리에게 많은 시사점을 줍니다. '아주 높은 재주를 가진 사람이 그 재주를 자랑하지 아니하므로 서투른 것같이 보인다.' 그러니까 '아이 늙은이'가 아니라 '늙은 어린아이'가 되어야 한다는 것입니다. 그런 실례를 우리는 추사 김정희의 글씨(서울 봉은사 板殿 글씨)에서 보고 피카소의 그림(노년의 그림)에서 봅니다.

한국의 젊으신 시인들이시여. 우리 쉽게 늙지 맙시다. 몸은 늙어도 마음만은 쉽게 늙지 맙시다. 우리 마음속에 들어 있는 어린아이를 깨워 그의 손을 잡고 멀리멀리 길을 떠납시다. 그러면서 부디 우리 지치지 맙시다. 쉽게 포기하지 맙시다. 쉽게 결론 내리지 맙시다. 상상력과 호기심과 그리움과 사랑이 시들 때 시인도 시든다는 것을 부디 잊지 맙시다. 당신들이 지금 가고 있는 길이 내가 가야 할 길을 대신해서 가는 길입니다. 그 길을 축복하고 응원하고 아주 많이 사랑합니다.

| 차 례 |

시작하며 / 유자효 · 5
시인에게 / 나태주 · 7

이혜미

| 근작시 |

옥춘 · 21
달사람 · 23
침대에서 후렌치 파이 · 25
슈슈 · 26
모르므로 · 29

| 산문 |

순간들의 사이가 모여 · 30

박성준

| 근작시 |

지독 · 35

불자동차 그리기 대회 · 37

명백한 나무 · 40

아스라이 · 44

고덕 · 46

| 산문 |

서산 · 49

황종권

| 근작시 |

잉어 재봉틀 · 55

같은 마음 · 57

그네의 시 · 59

사막을 건너는 표정 · 61

끝없는 버릇 · 64

| 산문 |

ㅅ, 그 영혼의 첫 이름으로 · 66

신승민

타향(他鄉)의 새 · 71

실족(失足)의 세월 · 73

벌초 · 74

역류(逆流) · 75

예감 · 77

| 산문 |

시인의 시, 사람(人)의 시 · 79

문혜연

| 근작시 |

겨울 숲 · 85

우리는 새총처럼 · 90

아무도 모르고 누구나 아는 · 92

러브 레터 · 96

파도가 부서진 자리 · 98

| 산문 |

숲과 수프 · 104

서종현

| 근작시 |

ㅅ · 111

ㅇ · 114

ㄹ · 119

ㅈ · 121

ㅍ · 123

| 산문 |

시작 노트 · 127

이진양

| 근작시 |

너무 나무 · 131

비자연언어처리 · 132

TOMBOY · 137

불과 시소 · 139

망아지의 눈 · 141

| 산문 |

사물함에는 폭탄이, 시든 꽃다발이,
누군가의 설익은 어둠이 · 143

생각하며 | 김재홍(시인·문학평론가)
젊은 시인 '시옷', 시에 옷을 입히다 · 147

이혜미

시, 라고 속삭이면 살짝 웃는 얼굴이 됩니다.
꼭 그만큼의 틈으로 흘러들기를.

2006년 <중앙신인문학상> 등단. 시집 『보라의 바깥』 『뜻밖의 바닐라』 『빛의 자격을 얻어』 『흉터 쿠키』, 에세이집(이하 공저) 『시인, 목소리』 『촛불의 노래를 들어라』 『당신의 사물들』 『어쩌다 당신이 좋아서』, 에세이집 『식탁 위의 고백들』 등이 있음.

옥춘

다정에도 핏빛이 어리던 봄꿈이었을까

몸이 있던 봄을 기억하는 방식이었어 피가 너무 달아 어지럼증을 앓던 아침, 주머니에 어린 새를 감춰두고 입을 다물면 끈적해진 숨이 붉게 물든 잇몸을 타고 고여들었다

양말을 찾아 신고 뒤돌아서 기다렸지 투명한 무리들이 찾아와 국을 뜨고 과육을 베어 무는 소리를 개가 짖기 시작하면 일제히 시계를 바라보며 오래된 약속에 대해 생각했다 홑이불을 덮고 자다 죽었다는 어린 조상을

우리는 사라진 것들만을 두려움 없이 사랑했으니까
퍼져 나가는 단것의 무늬로 길흉을 점치며

예쁜 입술을 가지면 좋은 나라에 입장할 수 있을 거라 믿었어 아무리 베어 물어도 사라지지 않는 죽음을 핥으며 마음껏 달아지고 싶어서, 달라지고 싶어서

몸을 벗을 수 있을까 색색으로 물든 이 작은 껍질을 털고

그만둘 수 있을까
피라는 직업을

웅크린 새를 달래어 꺼내놓으면 입에 단내가 돌고, 알 속에서 조금씩 펼쳐지는 날개를 생각해 흩어진 육체에게도 선연한 색들이 필요했다고

옥춘, 다녀간 혼이 흘려둔 흰빛처럼
피와 숨이 겹치는 상서로운 병이어서

달사람

  윤달 밤 태어난 아이는 보이지 않는 손을 얻는다지

  달에도 귀신이 있을까 줄지어 문 속으로 걸어 들어가는 이들을 떠올린다 훔쳐 마신 바닷물에선 달에서 벗겨낸 비늘 냄새가 흥건했고

  월출 녘에 잠들지 못한 사람들은 달에게서 꿈을 대출하지 잠을 갚지 못한 밤의 창구에서 바다는 분주히 오가고 달빛이 쌓인 사람들은 눈꺼풀이 점차 투명해지네

  밤을 저지른 탓에
다 쓰지도 못할 구덩이를
영예로이 짊어지고

  달 귀신들은 자정의 언저리를 따라 헤매네
잠이라는 다정한 폭력 속

  달 지옥엔 얼음 털을 가진 짐승들이 돌사막을 걷고

눈(雪) 칼과 유리로 짠 그물이 있지

너무 많은 빛들
아직 이른 죄를

눈을 감아도 세계가 환히 보인다면 새로 얻은 손가락을 들어 달을 가리키면 돼 모두가 너의 손짓에 기뻐하지 그건 언제든 흉내 내고 싶은 빛이었으니까

침대에서 후렌치 파이

 영혼을 이불처럼 걷어 툭툭 털고 볕에 내어 말릴 수 있겠니, 주먹을 쥐었다 펴면 우수수 쏟아지는 부스러기들을 모아 기억만으로 몸을 넘어설 수 있겠니, 문구점 앞 새빨간 슬러시를 훔쳐 도망가다 컵을 엎지를 때, 화단의 튤립을 뽑고 막대사탕을 심을 때, 깨어진 구슬들이 웅성웅성 귓가에 부딪힐 때, 입가를 온통 바스러진 단것들로 장식하며, 최선을 다해 망쳐버릴 거야, 손톱을 물어뜯으며 사정없이 못생겨질 거야, 너와 나 이후를 견딜 수 없을 때까지, 사소한 믿음에 남은 생을 걸고, 팔다리를 아무렇게나 휘저으며, 드넓어지며, 옛 이불들이 켜켜이 쌓인 옷장 속에 숨어들어, 납작해져야지, 조금씩 흩어지다 흔적으로만 남아야지, 베개 속에 감춰둔 나쁜 낙서들을 베어 먹으며, 이빨이 모조리 새까맣게 변하기를 기다려야지, 부서진 빛의 조각들이 입술의 위성처럼 떠돌던 여름에

슈슈

넌 또 울지

물의 끝을 찾으려는 사람처럼

핏줄의 실타래를 엮으려는 몸짓으로

들려? 고개를 갸웃하는 너의 등이

꼭 웃음으로 쌓아 올린 제단 같다

어깨 — 슬픔에게 허락된 영토에서

너는 웃고 무너지네, 마음을 힘껏 구겨 던지려

의도 없이 체념 없이

심장의 궤적을 들킨 오늘

네가 눈물의 수집가라면 좋겠어

그러면 뒷모습을 모아둔 사람에게서

새것 같은 날개를 얻어올 수 있을 텐데

슈슈, 웃음이든 울음이든

결국은 인간의 게이름일 뿐

의도 없이 체념 없이

거기 있어? 가리키는 손짓이

따듯한 족쇄처럼 느껴질 때

춤추는 것들은 다 어린 신의 장난감이야

알잖아 슈슈, 눈물을 곡이라고 부르는 이유

모르므로

 너무 슬픈 꿈이라 여기까지만 꿀게요 엇갈린 잎사귀들이 많아서요 갈비뼈 사이에 여름 구름들이 자욱해서요 장마가 온대도 빌려줄 머리카락이 없네요 흐르므로, 시간은 그대로예요 우리만 떠나가죠 그런데도 나는 겹쳐진 순간의 침묵을 후회하는군요 마음을 헌 그릇처럼 내어주고 그냥 잠시 기대 있으면 어때요 구름이 꼭 비를 위해 모여든 것이 아니듯 손을 마주 대는 것이 언제나 기도는 아니듯 마주침이 꼭 잇대임으로 이어질 필요는 없잖아요 큰비가 오면 쓰러지기로 마음먹은 나무처럼 안개가 얼굴에 그려준 무늬처럼, 조금 더 흐느껴도 괜찮아요 모르므로

| 산문 |

순간들의 사이가 모여

　슈슈를 만난 것은 늦은 여름, 시를 춤으로 영상화하는 프로젝트를 함께하면서였다. 처음 봤을 때 그는 절반은 검은 머리였고 나머지는 흰 머리였다. 머리가 센 것이 아니라 염색으로 한쪽을 탈색시켜 오른쪽에서 보면 검은 머리 같았고, 왼쪽에서 보면 흰 머리로 보였다. 그는 얼굴이 많았다. 사진을 찍으면 매번 다른 사람처럼 나왔으며 스스로도 성별 구분 없이 행동했다. 자주 울었고 그보다 더 많이 웃었다. 댄서인 그는 매력적이다가도 당황스러울 만큼 충동적이었고 사랑스럽게 춤추다가도 끝없이 우울해졌다. 슈슈는 왜 슈슈예요? 묻자 그는 투박하게 이름을 새긴 반지를 보여주며 말했다. ㅅ ㅅ, ㅠ ㅠ. "웃으면서 우는 거예요".

　그에게 시 「춤의 독방」을 춤으로 표현해 주기를 부탁했고 슈슈는 기꺼이 글자들의 몸이 되어주었다. 어두운 지하 스튜디오에서 그는 조명 하나를 의지해 춤췄다. 빛이 되어

빛을 사라지게 하려는 듯이. 어둠이 되어 어둠의 마지막까지 바라보려는 듯이. 한없이 이어지는 몸짓을 통해 이곳과 저곳을 반죽하며, 보이지 않는 존재들과 더불어 여기를 증명하려는 것처럼. 그의 춤을 지켜보며 사이와 경계에 선 우리의 시간에 대해 생각했다.

'사이'는 간격을 뜻하기도 하고, 관계를 칭하기도 하며, 무엇과 무엇의 틈을 가리키는 말이자 특정한 시간을 말하는 단위이기도 하다. 사랑과 슬픔 사이. 웃음과 울음 사이. 음들의 경계를 오가며 우리는 주어진 시간을 건너간다. 숲이 나무들의 간격으로 이루어졌듯, 우리가 검은 머리에서 조금씩 흰 머리 쪽으로 건너가듯, 그렇게 사이와 사이를 잇는 힘으로 생이라는 사건이 흘러간다. 웃으면서도 눈물이 날 것 같은 순간. 너무 화가 나 도리어 웃음이 터지는 잠깐. 그것이 인간이 평생 연주하는 음악의 계이름들이라면. 하나의 음이 끝나고 다른 음이 시작되려는 잠시. 그런 순간들의 사이가 모여 우리의 기억과 시간을 이루는 것이라면.

슈슈. 당신이 옳았어요. 우리는 여자도 남자도, 어른도 아이도 될 수 있어. 우리는 사이들의 총합, 그저 지금을 스치며 지나가는 상태들이지. 춤이 그러하듯. 사랑이 그러하듯. 두려운 밤길을 걷는 아이가 자신의 흥얼거림으로 소리의 영토를 만들듯 그때그때의 거처를 마련할 뿐. 울면서 웃으면서. 절반은 빛, 절반은 어둠에 잠겨 그렇게 춤출 뿐,

박성준

글을 많이 쓰면 자꾸 비겁해집니다. 나는 나를 사랑합니다.

2009년 《문학과사회》 시, 2013년 《경향신문》 신춘문예 평론 등단. 시집 『몰아 쓴 일기』 『잘 모르는 사이』가 있음. 2015년 <박인환문학상> 수상.

지독

슬픈 것을 보면 마음이 설렌다
당신은 그런 나를 이해하지 않는다

그것을 초록이라고 말하면 나는 이것이 파랑이라고 말하고 싶고, 보고 싶다고 말하면 나는 고맙다고 말하고 싶다

건물에 줄곧 있다가 비가 내리면 비가 나를 마중 나온 것 같다가도, 이 비를 결국 다 맞고 가는 길에는 나만 따라다니던 그 먹구름들이 싫었다 싫은 것을 싫다고 말하면 흠이 되고 좋은 것을 좋다고 말하면 죄다 나를 떠나갈까 두려워

사소하게 여기던 일에 의미를 만들어 싸우고
말로 다 표현하지 못할 마음을 끝끝내 표현해내면서

내 말은 나에게서 더 멀어진다

나를 별것 아니라고 생각하는 사람들을 더 소중하게 여기면, 나는 정말 별것이 아니게 된다 우리에게서 작은 사람은 더 익숙하게 작아지고 큰 사람은 더더욱 거대해진다

　내 설렘을 이해시키고 나면 누구 하나는 꼭 초라해진다
　그게 나였으면 좋겠다

　어떤 약속은 깨질 때가 너무 날카롭다
　심장을 겨누는 흉기가 되기도 한다

　누군가 태어나서 당신을 사랑해 줄 사람이 한 사람은 더 늘었을 것이다
　꼭 그게 나였으면 좋겠다

불자동차 그리기 대회

 상을 받은 적이 있다
 칭찬을 받으면 기분이 좋은데 상까지 받으니 정말 기분이 좋았겠구나

 우리는 발가벗고 침대에 누워서
 어릴 적 사소한 불행에 관해 이야기하기 시작했다

 마치 경쟁하듯이 주고받으며
 가난은 아름다워졌고, 쓰리고 참담했던 기억들은 자랑이 되었다

 불을 파랗게 그렸어
 내가 물려받은 크레파스에는 빨간색이 없었거든

 배를 벅벅 긁자 너는 배꼽 주변에 붉은 생채기가 생기고
 나는 그곳에 귀를 가져다 대면서 조금은 외로운 표정을 지었다

가스가 터져서 불이 난 거라고 했더니
상을 주더라

너는 웃는다

혼이 날까 봐 그랬다고 말해도
이건 진짜 슬픈 얘기라고 말해도

별 웃기지도 않는 이야기를 가지고 너는 더 크게 웃는다

귀에서 열이 나는지
배에서 나는 열인지

나는 볼까지 뜨거워졌다

그런데 이 조그만 연탄 모양 흉터는 뭐야

어릴 때 추워서 밥솥 위에 앉았다가 생긴 거야

흠이 되는 일에도 집이 있듯이
흉한 일에도 터가 있다

너는 잘했다고 내 뒤통수를 쓸어내려 주었다

칭찬을 받은 것 같은데 뭘 잘했는지 도무지 몰랐다

나는 혼이 날까 봐 조그만 외로운 표정을 지었다

명백한 나무

명백한 나무는 명백하게 서 있다
보이지 않는 곳에서 보이지 않은 부분만큼
노래를 부르는 자리에서 노래를 부르다가 만
유독 명백한 나무는 혹독하게 명백하다
돌을 태우면서 돌을 모르려고 했던 불꽃과
공기가 빛나면서 숨을 놓치고 싶던 햇살과
적막한 구름의 힘줄
유일하게 실패해 본 적이 없는 나무의 곁에서
실패로 태어난 나무의 유일했던 그늘 곁에서
움직임이란 움직이지 못하는 저 직립에서부터
직립이 되지 못한 나무를 둘러싼 시간에서부터
명백한 나무는 명백하게도 서 있다
나의 취미가 굶주림이라고 말할 때
나의 사랑이 왼손으로 쓴 글씨처럼 보일 때
피어나면서 사라지는 오해의 낱말들과
오해하면서 붙잡고 싶었던 명백한 그늘들과
나무는 알지 못하는 나무의 텅 빈 속사정과
그런 줄도 모르고 명백하게 서 있는 저 나무

아무것도 해줄 수 없는 나무에게
아무것도 해본 적이 없는 나무에게
나무는 나무가 아닌 만큼의 나무
나는 명백하게 나무 곁에 서 있다
아무렇지 않게 나무 곁에 서 있다
명백한 나는
명백한 나무 곁에서
명백해지고
태어나지 말아야 할 기분은 태어나는 동안에만 기분
태워버린 밤하늘이야 품을 줄인 공기처럼 속죄는 기분
나무는 나이를 먹으면서 더 나무이려고 하고
나는 나무의 나이를 모른 채 나무를 만지고
나무는 나의 나이를 묻지 않고도 나를 안다는 듯이
나를 다 안다고 했던 사람들이 나를 그렇게 떠났듯이
나무가 명백해지는 동안에만 나무는 서 있다
명백하게 서 있는 나무는 명백하려는 나무
명백하게 살아있는 나무
명백하게 죽어가는 나무

명백하게 빛이 많은 나무의 입장에서라면
명백하게 죄가 많은 나의 변명에서라면
나이 먹지 않고도 언제나 어린 거울들이여
언제나 멍들어 있는 나의 어린 과거들이여
나무는 무너지지 않으려고 나무
나는 무너지지 않으려고 나무
나는 명백하게 서 있다 명백한 나는 명백하게
서 있다 명백한 나는
움직일 수 없고 꿈꿀 수 없고 사랑할 수 없고
병들 수 없고 살아갈 수 없고 귀신도 될 수 없게
서 있다 명백한 나무는 명백한 나처럼
서 있다
나는 명백한 나무
나는 없는, 명백한 나무
나무에게 해준 만큼 나에게 해준 것들이
나에게는 그림자로 돌고 나무에게는 그늘로 돌고
나는 움직이려고 움직이지 않는다
명백한 나무는 명백하게 서 있다

나무는 서 있다는 움직임
그런 나무를 본 적이 있다면
그런 나무는 아주 조금 더 명백해지는
그런 동안에만 나의 나무
나무는 명백하게 서 있다

아스라이

 겁도 없이 기억이 기억을 이긴다. 울음이 그칠 때까지 당신을 안아줄 수 있어. 기다리지 않아도 다가오는 것들. 숨은 줄 알았는데 뚜렷한 것들. 그날 왜 애인은 나 대신 울기로 작정을 했을까. 이곳을 해변이라 부르면 해변이 되고 이곳을 춥다고 말하면 그늘이 금세 곁에 와 있다. 모래 산이 곁에 와 있다. 만약이라는 이름의 작은 알약과 만일이라는 이름의 작은 일들 때문에 서로가 보탠 희미함도 그립게 식는다. 모래 산 중심에는 뿌리를 내리지 못한 나뭇가지가 박혀 있고, 그 속에는 뿌리 대신 소리를 내서 읽으면 울컥 눈물이 쏟아지는 문장이 있다. 오래 못 가 무너지는 관계들처럼 바람이 불 때마다 가슴이 끓고, 이해하기 좋은 슬픔들은 슬픔이 되지 못하고 투명해져 갔다. 내 쪽으로 모래를 많이 가져와야 이기는 게임인 줄 알았다. 모래의 양은 중요한 것이 아니었다. 사는 동안 눈물이 많았던 사람은 영혼이 너무 녹아 얼굴이 지워진다고 하던데, 나는 왜 그토록 많은 눈물을 흘리고도 멀쩡한 낯빛이 되어 살아가고 있을까. 앞다투어 빼앗아낸 모래가 서로 앞에 다른 높이로 쌓이고 모래

산이 품고 있던 나무의 깊이만큼 겁도 없이 마음이 마음을 움직였다. 좁은 복도를 걸으면서 부어오른 애인의 편도를 생각했다. 죽은 가지에서 꽃이 피지 않는다는 말을 믿게 되었다. 흐느끼는 애인을, 모래를 끌어오듯 안는 순간에서 나는 정지한다. 그 사람이 투명해지기 직전까지 움직이는 모든 것이 마음이 되었다.

고덕

채희를 만나 술을 마신다

손톱이 사라지고 귀걸이가 사라지고 목걸이가 떨어지고 몇 장의 얼굴을 모두 넘기고 나니 커다란 숟가락의 오목한 면이

그를 잘 뒤집어 비추고 있다

채희는 더 이상 자라지 않기로 결심한 나무의 기분을 이해하게 되었다

젖이 돌기 시작한 포유류는 포옹하는 법부터 배운다
태어나자마자 사랑을 다 알고 있다는 듯

알리기 싫은 비밀들을 들킬까 봐 어린 것의 머리를 끌어안고 암컷은 고개를 숙여 얼굴에 그늘을 들였다

간간이 식당 구석 텔레비전 속에서는 짐승들이 울고,

절대로 끝이 나지 않을 것 같은 고백은 혼자를 더 혼자이게 한다

"이게 다 거짓말이라면 당신은 배우를 해도 되겠어"

 채희와 채희가 있었던 자리를, 채희가 모르던 아름다운 장면을 모두 망치지 않기 위해 온몸으로 연습한 슬픔은 꼭 부력 같은 거리감을 만든다

 소문이 좁아진다

 밤이 되면 모두 제자리로 돌아가 자신을 더 생각해야 하는 일에 몰두할 것을 알지만

 채희는 그를 만나
 술을 마시고 있다, 지금

 그는 말수가 적어지고 눈빛이 희미해지고 그의 낯빛에

는 나비가 펄럭거리기도 하지만 이곳이 낭떠러지라는 것
을 채희는 믿고 싶지 않다

 실내에는 죽은 나무가 있고 새들이 날아간 것 같은 흔
적들이 곳곳에 돋아나 있다

 그는 조금은 어른스러운 표정이 되었다

 여전히 아름다운 사람을 잘 몰라 아름다워질 여백이
남아 있다

 채희가 두고 온 의자에 다른 손님이 앉는다

| 산문 |

서산

 그는 시를 쓰는 사람이었고, 때때로 나는 그의 시 때문에, 그에게서 차선이 되는 것에도 익숙했다. 그에게 최우선은 시였다? 그런 일로 나는 분노를 느낀 적은 없었지만, 그가 더는 시를 쓰지 못하게 되자 분노가 느껴졌다.
 "무서워, 다 용서하게 될 것 같아서"
 그는 나를 쳐다보지도 못했다. 밤은 오래되었다. 용서를 받아들이는 사람의 얼굴에서, 용서를 구하는 얼굴을 보게 될 때마다 늘 그런 방식의 그의 고백이 나를 더 치욕스럽게 한다는 사실을 그는 끝내 모르는 눈치였다. 지난봄 서산에서 그와 안개가 가득한 길을 걸었을 때도 그는 내 손을 잡고 다 용서할 수 있다고 말한 적이 있다. 대체 누가 누구를 용서할 수 있는지, 그가 과연 용서를 행사할 만큼, 지금 우위에 있는 사람인지, 또 강한 사람인지 나는 잘 알지 못했다. 하지만 나는 그의 의중이 가라앉은 표정을 가만히 살피는 것으로 그저 그에게 동의를 표현했을 뿐이다.
 술을 마시고, 모르는 길에서 모르는 사람들과 스치며

내가 누군지도 모를 듯이 홀려 있다가, 이제 좀 쉬자고, 그와 숙소를 잡아 들어갔다. 하지만 그는 계속 나를 두고 술만 마시기를 원했다. 그 어떤 말도 하기 싫은 사람처럼 할 말이 생길 때마다 술을 부어 그 목소리를 속으로 내리 앉히는 듯했다. 그는 늘 이런 식이었다. 아무것도 할 수 없을 때, 아무렇지 않게 화를 냈지만 공격할 수 있는 건 저 자신뿐이라는 듯 술로 지칠 대로 지쳐서는 곧 약봉지를 찢고 조용히 알약처럼 드러눕곤 했다. 나는 그런 그의 모습을 볼 때조차도 분노가 치밀어 오르지는 않았다.

며칠을 괴로워하던 그가 다시 시를 쓰고 있다고 전해 들었을 때도, 너 같은 게 다시 시를 쓰고 있다니, 다들 비웃고 수군거렸을 때도, 내가 그를 잘 알고 있다는 사실을 발설하고 싶지 않았다. 부끄럽지만 나에게는 방어본능 같은 것이었다. 우리는 그에게 시를 발표하지 못할 제약을 가할 수는 있었으나, 그가 혼자 시를 쓰겠다는 권리까지 빼앗아 갈 수는 없었다. 필요할 시일만큼이 지나고, 그렇게 그는 모두에게서 잊혀 갔지만, 이상하게 나에게서는 더 분명하고 생생해지는 그가 있었다.

다시 서산에서도 비슷한 느낌을 받았다. 안개 때문에 서산은 아주 조용한 곳으로 보이기도 했지만, 그 안개 때문이라도 서산은 아주 시끄러운 곳이 분명했다. 그의 옛 친구들로부터 그에 관한 이야기를 들었을 때도 그랬다. 너나 할 것 없이 그에게서 자신이 끔찍한 폭력에 시달렸다고 말 겨루기를 할 때, 나는 그 말들이 다 거짓이라는 것을 직감했지만, 나는 아무것도 할 수가 없었다. 나는 그때 거기서 가장 나약한 사람이 나라는 사실에 너무 참담했다. 끔찍하게 화가 나서 그 자리에 있던 한 사람의 손을 꼭 붙잡고 주점 문 바깥으로 나갔을 때, 영문을 모르겠다는 투로 그 사람은 말했다.

"왜 그래?"

그 표정은 내가 그에게 짓던 나의 표정과 다르지 않았다. 그의 시가 대체로 그를 사랑한 적이 없었던 것처럼 나 또한 그를 사랑하기에는 너무 가까웠을까. 그랬다. 서산에는 그는 없고 그의 흔적들만 있다.

대체 그는 어디 있을까? 그는 내가 떠난 곳에서 「무진기행」이나 「안개」의 어느 구절을 읽으면서 또 어디에다 무릎을 꿇어야 할지 고민이나 하고 있을까. 안개가 가득한 소도시에서 그는 번번이 시를 쓰지 못했고 그가 그때 쓰지 못한 시를 찾아, 내가 그를 다시 쓰고 있는 것 같다. 그러나 이 글은 시가 되지 못한다. 그리고 이 글에서도 내가 없다는 사실에 소스라치게 나는 놀랄 뿐이다.

개인의 사소한 슬픔이 천장에서 단단한 노끈으로 내려온다.

"이제 우리 뭘 하지?"

그뿐이었다. 묻는 그는 없고, 나는 그래서, 지금 서산에 와 있다. 징그럽도록, 뚜렷하게 맑은 날씨와 헤어지는 날

그의 마지막 표정의 격차를 생각하면서, 그에 대해 다시는 말하기 싫다고, 나는 몇 번씩 곱씹고 있지만, 나는 그에 대해 또 쓰고 있다. 나는 이런 무기력함에 곧잘 분노를 느낀다.

황종권

시를 쓰는 일
두 아이를 키우는 일
나는 대단하지 않은 것의 쓸모를 믿는 사람

2010년 《경상일보》 신춘문예 당선 후, 2012년 차세대 예술인력에 선정되어 작품 활동 시작. 시집 『당신의 등은 엎드려 울기에 좋았다』가 있음. <여수해양문학상> <문경새재문학상> 수상.

| 근작시 |

잉어 재봉틀

저 잉어가 물을 재봉하고 있다
목부터 자라 목부터 빛나는 잉어
비늘이 골무다

밤에도 천을 짜는 강은
등줄기에 물비늘 붙이고 다니는 잉어를 기다린다
처음 온 곳이 저녁 빛 아득한 갈대 뿌리인데
그 서늘한 날짜를 기록하는 산란철,
먹구름을 부르듯 잉어는 아가미에 빗소리를 키우고 있었다

수초와 바위와 모래톱이 가위질을 시작했다
산란이란 얼마나 날카로운 물소리를 가지고 있는가
물의 봉제선을 꾸역꾸역 박고 넘기는 일
사실 무늬 하나를 빚는 일
별자리와 별자리를 잇는 징검돌이 되는 일

아무도 잉어가 물의 재봉틀이라는 것은 모른다

아무도 잉어가 주둥이로 물의 실을 잣는지도 모른다
윤슬은 잉어의 첫 울음,
초록을 쏟아내는 버드나무 곁에서
잉어는 만삭의 별자리가 되거나
마른 입덧으로 배냇저고리를 짓고 있을지 모른다

잉어는 숨이 트이는 빛을 떠올린다
윤슬은 물의 탯줄을 가진 아이,
물길을 걷다 보면 나도 저 잉어 재봉틀에서 태어난
물병자리 아니던가
만조의 물결을 짜는 강, 잉어 재봉틀이 있어
지느러미 바늘처럼 반짝일 때
나는 속눈썹이 긴 딸을 낳게 되었다

같은 마음

아파트 단지를 돈다
구름을 쫓다가 발자국을 놓고 죽은 풀벌레를 쫓다가
첫서리 내리는 새벽을 쫓아
돌다 보니까
민소매 입은 여자가 아이를 업고 있다

큰새가 작은 새를 업고 있다
어쩌자고 저 큰새는 땅에 붙들려 살고 있는지
나는 큰새가 부르는 노래를 엿듣는다

창문은 좋은 풍경을 가져오기도 하지만
물집 터트리는 별이 고이기도 한다
젖지 않는 것은 그림자밖에 없었다
빽빽한 것이 가고
살집이 두꺼워지는 짐승의 계절이 왔다

저 큰새에게도 중력은 있을까
있다면 저 포대기 줄에 묶여 있는 몸일 거다

빗방울, 빗방울 날개를 단 것 같은 빗방울이
낯을 때린다
새는 날갯죽지에 영혼을 숨겨놓는다지
내 빗소리를 숨기는 것이 삶이라 믿었다

오늘도 날개 잃은 새를 봤다
새가 새를 봤다
아파트를 돌면서
내가 한때 새였던 적을 생각했다

그네의 시

그네를 타는 나와 아이는 데칼코마니다

끝을 보기 위해
발을 굴러야 한다
아이들의 아침
발 구르기 서커스가 시작된다

그네가 공중을 밟는다
동물이 보인다
서커스의 천막이 보인다
늙은 코끼리도 있다
모자를 가진 마법사도 있다

밤새도록 우는 아이를 위해
동화를 읽어주었다
거인이 사는 마을 속으로
그네를 태우듯
세상의 절반이 이야기로 된 집으로

나는 들어간다
나는 그네, 아이를 태우는 그네
나는 발끝으로 서 있다

행간을 찢고 나온 사자는
이상한 나라의 엘리스에서 나온 걸까?
용기가 없어 울부짖지 못한다

나는 가장 낮은 잠의 자세를 짜준다
천천히 아주 오랫동안 그네가 되어준다

사막을 건너는 표정

아버지가 되자, 물빛으로 죽고 싶어

거뭇거뭇한 것이 어른거려도 목이 긴 강가를 걸었다. 안쪽으로만 목울대를 세우는 강, 숨이 트이는 곳이 없었으니 물결무늬 발자국이 많았다. 아들아, 저 강을 건너고 싶었지만 끝내 살아서는 젖지 않을 수 없었단다. 물 먹은 독백이 뼈를 드러내자, 웃기 시작했다. 사막이 주름처럼 가까이 오고 있었다. 문득, 나는 웃음이 사막에서 젖지 않는 유일한 방식이란 걸 알아버렸다.

웃자, 사막의 한복판이다
웃자, 타들어가는 빗소리가 오아시스다
웃자, 아무나 아버지란 이름으로 물금이 돋아나지만

살아낸 운명만이 마른 강가에서 눈을 씻는다

아들아, 울고 싶을 때가 있다면 사막을 건너고 있는 거란다. 하나, 선인장의 수염이 자라고 있다면 사막은 바늘을 삼키고 있는 거란다. 속눈썹이야말로 스스로를 찌르는 가시였잖니.

  비가 올 것이다
  구름은 상처를 숨기기 좋은 흰 가시덤불이므로

  젖을 것이다.
  빗소리로 야윈 등짝을 들추고서야, 사막을 보게 할 것이다

  마침내 죽으려할 때 알았다.

  웃음은 뛰어내리기 직전이라는 거
  예쁜 발목을 가진 절벽이라는 거

  아들, 네가 젖은 발을 보여줄 때
  어떤 웃음은 사막을 온몸으로 기어낸 물빛이었다.

사막에서의 웃음은 죽어가는 햇빛을 건너는 표정이었다.

끝없는 버릇

살구꽃 그림자가 수심을 어지럽히는 사월의 바다

살고 싶어 저녁을 부르는,
저녁이 저녁으로만 깊어가는 어두운 현기증은
입술이 지듯이
이끼 없이도 상처를 들어앉히고

최선을 다해 젖는 꽃잎은 차라리 물갈퀴이기도 했다

윤슬처럼

올망졸망한 별빛들,
지척을 가린 물속에서 더욱 그렁그렁했다

심장처럼

살구꽃잎 속에서 잠긴 이름들
사월은 어린 것들을 부르다,

핏물이 빠지지 않는 지평선을 오래 바라보게도 했다

봄으로부터 눈시울이 붉어지는 바다
잊지 말고, 기억하자고

살구꽃이 질 때마다
물멀미를 앓는, 버릇이 생겼다

| 산문 |

ㅅ, 그 영혼의 첫 이름으로

　나는 ㅅ으로 시작하는 말들이 가장 아름답다고 생각한다. 시, 시인, 사랑, 술, 시간, 사람, 샛별, 삶, 새끼, 슬픔, 사색 등 ㅅ으로 시작하는 말들만 들어도 손끝이 펄펄 끓는다. 이번 생에 다 쓸 수 없는 ㅅ은 아름다운 불씨인가. 손끝이 타들어 가도록 쓰고 싶게 하는 신비로운 힘이 있다. 그리하여 ㅅ은 한글 자모의 일곱째 글자이지만, 나에게는 영혼의 첫 이름일지도 모른다.

　ㅅ을 씁니다. 나를 처음 소개하는 이 말에 아직도 얼굴이 붉어진다. 잘못한 것도 없는데 잘못한 것 같고, 사랑을 부르짖던 입술이 생의 실패로 부르트는 것 같다. 멋져 보이거나 위대한 삶을 고백하는 것도 아닌데, 내 '영혼의 첫'을 들켜버린 기분이 든다. 하여, ㅅ은 이 빠진 문장이 되거나 책이 되는 것인데, 그때 ㅅ은 읽지도 않은 책에 꽂아 둔 서표가 되기도 한다.

ㅅ때문에 행복한 날도 많았다. 쓰고 싶은 ㅅ과, 살고 싶은 ㅅ은 달랐지만, 사랑의 문맥이 무너지지 않을 때 나는 ㅅ이 거느린 풍경에 세 들어 살게 되었다. 세 들어 살면서도 주인 행세를 하는, 어느 가난한 ㅅ이 되어 세상의 모든 아름다움을 섬길 수가 있었다. ㅅ에 세 들어 사는 일이란 가장 외로운 방식의 대화일지는 몰라도, ㅅ으로만 가능한 대화로 어떤 외로움에도 깃들지 않게 하는 일이었다.

새삼 ㅅ이 대답 불가능한 것이라도 좋겠다. 가장 멀리서 가장 가깝게 사랑하는 일이 ㅅ의 일이라는 걸 알게 되었으니. 삶의 고백이 사랑의 일일 수 없고, 사랑의 고백이 삶을 감당할 수 없다는 걸 알았으니. 그냥 영원토록 쓸 수 없는 ㅅ의 문장 하나 있어도 좋겠다. 그 쓸 수 없는 ㅅ으로 이 세상의 모든 ㅅ으로 시작하는 ㅅ은 쓰여질 것이라 믿는다.

내 영혼의 첫 문장에는 ㅅ이 있고, 그 ㅅ이 이루고자 하는 것들은 죄다 미완투성이다. 이루었으나 이룰 수 없는 게 ㅅ이고, ㅅ으로 호명하던 이름들은 미완의 불씨를 키우고 있을 뿐이다. 손끝이 다 타들어 가도록 신비로운 ㅅ의 세계. 쓰지 않고는 내면부터 잿더미가 되는, 그 세계에 나는 주인이 되어가고 있다. ㅅ을 영혼의 첫 이름이라고 부르자, 나는 가장 아름다운 활자를 받아적는 사람이 되어 있었다.

신승민

나이를 먹는다는 것은, 내가 할 수 있는 일과 할 수 없는 일을 조금씩 선명하게 알아가는 과정이다. 자신의 강점과 한계를 직시하고, 무엇에 집중해야 할지 깨달음으로써 비로소 어른이 된다. 불에서 타고 남은 재를 긁어내는 것이라고나 할까. 나의 거칠고 낡은 시편(詩片)들은 어른이 되지 못한 한 방랑자의 곡(哭)을 다루었다.

모두들 희망이라는 이름의 낚시 바늘에 꿰여 살아간다. 그것이 가짜 미끼인 줄 알면서도 삼킬 수밖에 없는 이유는, 잃어버린 생(生)의 본질을 찾기 위함이다. 어쩌면 인생에 본질이나 의미 같은 것은 없을 지도 모른다. 그러나 흘러간 노래일지언정 분명한 것은, 그렇게 고단한 여정 그 자체가 바로 사랑이라는 사실이다. 사랑은 멀리 있지 않다. 그리움은 시린 눈 속에서 몸을 녹인다.

2015년 《미네르바》 등단. 한양대 한국언어문학과 졸업. 前 《주간조선》 《월간조선》 기자, 《어린이조선일보》 취재팀장. 現 KBS 보도본부 디지털뉴스부 기자

타향(他鄕)의 새

노을 진 도시 겨울의 저녁
굴다리 밑 하천에 새 한 마리
젖은 죽지를 털고 고기를 본다
오래 딛고 선 그 물 위에
깃털 서넛 흘러간다

긴 부리에 붉은 눈동자
네 깊은 목구멍의 슬픔이 어찌
먹이 없는 설움뿐이겠느냐
새는 그저 돌아보지 않고
소리 없이 가는 저 물살이
시간처럼 두려울 것이다

다가오는 운명을 모르고
길을 여는 피라미 떼
목숨은 거친 바람을 가르고서야
돌처럼 잔잔해진다

지친 새는 늙은 갈대에
마음을 기대어놓고
무심한 하늘로
타향으로 날갯짓한다

실족(失足)의 세월

 빌딩 숲 위로 하늘이 가라앉는다 비구름의 침몰이다 하늘의 살은 찢어져 산과 바다를 먹이고도 남음이라 서 있는 사람마다 타관(他官)에서 죽을 먹나니 공허를 씹는 물에 비치는 건 신도 인간도 아닌 영락(零落)한 나무들뿐이로다

 눈멀었다 하니 청춘 눈감았다 하니 천리(千里) 어느새 세월의 퇴적은 회한(悔恨)의 삼각주를 낳았구나 설익은 계절에 부르튼 잡초에도 물은 흔들리나니 길은 잔도(棧道)요 바람은 육필(肉筆)이라 끊어진 생의 마디마다 써 내려간다

 황혼에 녹아내리는 고드름이여 묘원(墓園)의 고독을 깨우는 세찬 비여 쥐가 까마귀를 물고 풀들이 뱀을 짓누르니 취하지 않아도 모든 주장이 즐겁다 천마(天馬)가 운구하는 녹슨 관에서 가쁜 생의 불빛들은 옹기종기 속닥거린다

벌초

저 모진 것들을 봐라
죽음의 자리에서도
기가 죽지 않았다
곡소리를 먹고 큰 것들은
푸르게 날이 섰다

내 삶도 저러했다
베여도 자라나는 날들이
질긴 뿌리의 젊음이
운명을 뒤덮을 줄 알았다

가차 없는 시절
울어줄 비도 바람도 없이
내리쬐는 가을에
싱싱한 독기가 깎여 나간다

헝클어진 한 세월도
풀리지 못한 채 잘려 나갈 것이다

역류(逆流)

일출봉(日出峯)서 하산(下山)하는 길
말발굽에 초지(草地)가 만신창이
울타리는 부서졌다
휘날리는 갈기 전차(戰車)되어 뛴다
에메랄드빛 바닷물도
살금살금 끓어 넘친다
"천둥임메!"
늙은 해녀(海女)의 주름에
고여 드는 그늘
썩은 뿔소라 아가리에
엉겨 붙는 독충(毒蟲)
하늘이 사금파리를 밟았는가
손톱보다 작은 고기들은
비를 원하네
생(生)을 쓸어갈 바람을 부르네
세월은 뱉지도 삼키지도 못할
무망(無望)한 바늘
영욕(榮辱)에 꿰여 끌려다니건만

배는 떠나고 길은 저물고
어른거리는 불빛뿐이라
구름 낀 성산의 오후
남국(南國)의 한(恨) 서린 바다가
죽은 마그마를 깨운다
다스림이 다시 역류(逆流)한다

예감

바람에 지니 풀이요
낮달에 영그니 꽃이로다

사릉(四陵)에 해가 저물면
영도는 새하얗다

그것은 슬픔
입 밖에 낼 수 없는
맴돌던 이름

들출 것 없다 울컥 흐르는
돌탑 그림자 배롱나무
오래 산 풀들의 냄새
사철탕 길을 걷는
한 마리 복실이

버글거리는 개미들처럼
또 어느 속단(速斷)이 기어

한없는 주둥이를 내밀 것인가

오늘 예감은 흰 민들레
삶은 살수록 또렷해지네

| 산문 |

시인의 시, 사람(人)의 시

　자음 'ㅅ(시옷)' 하면 한자 '人(사람 인)'이 떠오른다. 문자(文字)의 형태도 비슷하거니와 들여다볼수록 의미도 관련이 있는 듯하다. 시옷은 한글 '시(詩)'의 초성(初聲)을 구성하는데, 같은 한글 어휘 '사람' 역시 시옷이 첫 음이다. 시는 역시 '사람'만이 창작할 수 있는 문학 장르이다. 그래서 시는 사람(ㅅ·人)이 필기구(丨)를 쥐고 있는 형상으로도 상상해볼 수 있겠다.

　근래 기획 취재 차 인공지능(AI)이 썼다는 시들을 살펴본 바 있다. 시어(詩語)를 병치·나열함으로써 하나의 완성된 작품 세계를 축조해나가는 수준은 어느 정도 훈련된 단계였다. 그러나 구절마다 눈에 밟히는 표현의 모호함과 의미의 부재는, '이것이 결국 진정한 시가 아니라 단어와 문장의 집합체에 불과하다'는 느낌을 주기에 충분했다. 몇 편의 시를 곱씹어 읽고 나서도 여운이 없었던 이유는 인공지능의 시에서 '정서(情緒)'를 느끼지 못했기 때문이다.

　필자는 운 좋게도 대학 4학년 때 문예지 신인상을 받으며 시인으로 데뷔했는데, 등단 직전까지는 '시인이 되어 시를 쓰는 것'에 몰두했다. 사실 시 쓰기 자체보다는 시인이 되기를 더 갈망했던 것 같다. 시인으로 등단하면 내가 쓰는 모든 글귀들이 문단에서, 독자들에게 박수받는 '작품'이 될 것이라고 한참이나 착각하던 때였다. 그 착각은 등단 직후부터 판판이 깨졌다.

등단 그다음이 시 쓰기의 본격적인 시작이었다. 그리고 냉정한 평가의 도마였다. 다시 말해, 등단만 '반짝'하고 소리소문없이 사라질 게 아니라면 도저한 필력과 감성적 내공을 미리 길러놔야 하는 것이었다. 그때만 해도 필자는 아직 어리고 세상 물정을 몰라 문단 세파(世波)에 이리저리 치이기만 했다. 멀리서는 보이지 않지만, 스스로 드러내기 위해 몸부림을 치는 소위 '문단 권력의 카르텔' 앞에서 절망을 느낀 적도 부지기수였다. 순수한 열망으로 더 고단했다.

그 번민의 20대 시절, 다시금 시운(時運)을 타고나 중앙언론사 기자로 일하면서 사람살이의 이치와 문단의 속살을 조금씩 알아갔다. 시인을 인터뷰하고, 문예지 업계를 취재하고, 나름대로 비평까지 써가면서 문단, 즉 작가들의 사회를 이해할 수 있었다. 그들은 문학, 시로써만 세상과 소통할 수 있는 외로운 존재였고, 그래서 연말이면 인사동이나 대학로 시상식 뒤풀이 식당에서 술 마시고 고함치는 정도가 시대를 갈파(喝破)하는 유일한 기회였던 것이다. 서른 살을 넘어서 그 뒷골목을 바라보니, 쓸쓸한 그늘에서 연민이 느껴지기 시작했다. 시인들은 '사람을 기다리는 또 다른 사람'일 뿐이었다. 오지 않는 사람을, 올 것이라고 믿는 사람의 넋두리.

필자는 이제 사람에게서 시를 보고, 시를 읽으며 사람을 떠올린다. 작가와 화자는 다르다지만 어찌 현실적으로 '그 시'와 '그 사람'이 이질적(異質的)일 수 있겠는가. 시인의 시보다 사람의 시가 중요한 이유가 바로 여기에 있다. 지금도 등단의 열망에 번민하여 밤잠을 설치는 문청(文靑)이 있다면 이 말을 꼭 전하고 싶다. 시인이 되기 전에 사람이 되라고. 시인의 시보다 사람의 시가 더욱 아름답다고. 시인으로 시단(詩壇) 말석에 앉고 보니, 기자로서 여러 현장을 취재하다 보니 알게 됐다. 사람답지 못한 이들의 위선과 가식과 이중 행태가 얼마나 역겨운 것인가를. 따라서 진실을 발견하고 순수를 노래하며 상처를 치유하는 시인만큼은 최소한, 사람다워야 한다는 것을. 위로와 연대의 기수(旗手), 시인의 속삭임이 감동을 주는 이유는 '사람이 사람에게 건네는 따뜻한 손길'이기 때문이다. 좌절한 내게 손 내밀어주는 시를 읽고 싶다.

아슬아슬 징검다리 걷듯 세월을 건너와 보니 결국 인생이라는 건 '사람과 이야기', 그 흔적만 남는 고갯길이었다. 곁에 있는 사람이 들려주는 이야기에 힘을 얻고 위로받고 기분이 상쾌해지는 여정이라면 신산(辛酸)한 풍찬노숙(風餐

露宿)의 길일지언정 어찌 즐겁지 아니하겠는가. 오늘 밤에는 '시인의 시'가 아닌 '사람의 시'를 읽으며, 마음속의 그 사람을 그리워해야겠다.

문혜연

오래 입은 스웨터에서 발견되는 머리카락처럼, 마치 처음부터 그렇게 짜인 것처럼, 묻어 있다기보다는 새겨져 있는 것처럼, 떼어내도 또 발견하고야 마는, 사소하며 간지러운 마음으로,

2019년 《조선일보》 신춘문예 등단.

겨울 숲

수프
건조 과일
딱딱한 빵과 치즈
나눠 먹은 오후

색색의 스테인드글라스
흰 천을 쓰고
모여 앉은 사람들
희부연 입김 속
발간 뺨

성부와 성자와 성령의 이름으로
아멘

믿지 않아도
한 마디는 어렵지 않았고

흰 천을 덮고

누워 있는 사람
손을 한 번 잡습니다

차가운 손과
건조한 손이 만날 때
잠깐

따끔한 건
누구의 잘못도 아닙니다
놀라도 놀라지 않은 것처럼

멀어진 두 손
핸드크림을 바르면
잘못을 비는 것 같고
가만히 보다가

종이 울립니다
들어온 곳으로 나가는 사람들

바깥은
눈이 내리고요

열린 문으로
빛이 들어옵니다
빛 너머
바깥의 바깥

숲
겨울
겨울 숲

눈 떨어진 자리
떨리는 허공

흰 천을 덮고 누운 사람
조용히 일어나
걸어갑니다

떨어지는
흰 꽃들

흰 뺨
흰 손들
습관처럼 비비면
기도하는 것 같고

눈 위를 꾹꾹 밟으면
남는 발자국
깊이
오래

잠든 이들의 머리맡
흰 꽃들 위로
빛이 부서집니다
소리도 없이

온통 흰 것도
밤이라 부르기로 한 약속

숲
발자국
겨우살이 아래
부서진 우리가 남아서

우리는 새총처럼

　우리는 비 앞에 서 있다 겨울비 앞에 우리는 서로의 방이었다가 밤이었다가 이제는 비였다가 눈이었다가 하는 겨울비를 사이에 두고 우리는 새총처럼 방금 여기였다가 순식간에 저 멀리로 남는 건 떨리는 줄과 아주 희미하게 남은 소리 밤이 되면 소리는 더 깊이 더 멀리 흘러간다 벽을 사이에 두고 옆집에서는 가끔 총 쏘는 소리가 나다가 소리를 지르다가 조용히 하라고 말할까 하면 먼저 조용했다가 우리는 사이에 보이지 않는 줄을 당겼다가 풀었다가 줄은 어느 방향으로든 당길 수 있고 우리 사이에 선처럼 겨울비가 내리다가 말다가 어떤 말은 돌아오다가 돌아오지 않는 밤에 우리는 새총처럼 팽팽하거나 느슨하거나 당겨진 줄 앞에 서 있다 옆집에서는 죽을 것 같다고 말하다가 살려달라고 말하다가 조용했다가 벽을 친다 우리는 이미 조용해서 더 조용할 수 없는데 겨울비는 어떻게 비인데 눈이기도 할 수 있지 우리는 새총처럼 돌이 없다가 새가 없다가 남은 건 안으로나 밖으로나 언제든 날아갔다가 돌아오는 줄이었다가 겨울비가 자꾸만 투명했다가 하얬다가 겨울비가 깃털처럼 뺨에 떨어지다가 우리가 어떻게 잠들었을까 자꾸만 귓가에 아주 작은 울음소리가 들리는데 우리는 어쩌다 줄을 놓쳤을까 자고 나면 베개에 속눈썹들이 자꾸만 떨어져 있는데 겨울비처럼 깃털처럼 옆집은 게임을 다시 시작하는데 우리는 그렇지만 새총처럼 돌이었다가 새였다가 이미 사라지고 없는데

아무도 모르고 누구나 아는

오늘 밤은 공기에서 종이 냄새가 나요
나뭇잎들이 가장 예쁠 때
젖은 몸을 던지는

어떤 새의 발톱은
나무를 붙들기 위해서만 쓰인다던데

나무들은 대체 언제부터
밤의 세계에 발을 담그고 있었을까요
깊이도 무게도 알 수 없는
둥지 하나를 매단 채로

손목에 새를 새긴 아이는
밤새 손목이 두근거려서
밤을 없애기로 합니다

그러니까 이 밤을 마지막으로

밤이 사라진 세계에는
실수가 없고 꿈이 없어서
나무들이 하얗게 세어 버려요

노인이 아이의 등을 쓸어줍니다
아이는 자신의 온 등으로
노인의 나무껍질 같은 손바닥을 느껴요
가끔 둥글고 뜨거운 게 내려가고

새를 잃어버린 어른들은
숲에 말간 손목을 감춰요
나무는 점점 더 희고 묽고
순진무구한 표정으로

이곳은 흰 나무들의 숲
젖은 종이 냄새가 나요
훗날 발견될 글자들처럼

새를 주운 아이는
손안의 심장이 뛰는 리듬을 잊지 못합니다
지그시 눌러보면 두근거리는

돌아갈 밤이 없는 아이는
둥지를 더듬습니다 까치발로
새들의 둥근 어둠을 훔치고

흰 나무에 남은 줄무늬 같은
흔적만이 그 밤을 기억합니다
노인은 자기 손바닥을 쓸어보며
작은 등 하나를 기억하고요

아이가 사라진 세계는
붙잡혀본 적 없는 손목들만 남아서
긴 소매 속으로 자라나는 어둠

낮과 낮과 낮의 사이로

문득 겨울이 옵니다
떠나거나 떠나지 않거나 그렇게
때를 놓친 새들은 살아가는데

러브 레터

 겨울이었다 현과 영화를 봤다 청춘 영화 속 주인공들은 눈길 위를 달리고 이불 속 시린 발을 비비며 청춘은 왜 달려? 묻자 현은 어깨만 으쓱하고 현은 내 발을 자기 허벅지 아래 넣어주고 난 한 번도 전속력으로 달려본 적이 없어 하면 현은 잠시 웃다가 그럼 곧 그때가 올 거야 현은 말하고 난 전속력으로 달리기엔 너무 찬 발을 갖고 있는데 현의 다리는 따뜻하고 현에게는 차갑고 나에게는 따뜻한 이불 속에서 우리는 천천히 미지근해졌고 귤을 먹었다 달콤한 귤도 반씩 나누고 밍밍한 귤도 반씩 나누고 노랗게 물든 손끝으로 서로를 만지던 그런 겨울이었다 눈이 많이 내린 날이었다 현과 나는 같이 걷고 있었다 발가락에 감각이 없어서 종종 멈춰 발가락을 움직여봐야 했고 현은 눈치채지 못할 정도로 조금씩 멀어지고 있었는데 무슨 말을 하고 있었더라 현은 자꾸 그치? 하고 물으면서 멀어지고 있었는데 점점 빨라지더니 결국은 달리기 시작했고 눈길엔 현이 달려간 발자국들이 선명했다가 다시 내린 눈으로 채워지고 현은 그때였고 나는 아직이었고 늦거나 이른 시간 속에서 요즘은 4시면 해가

지는 것 같고 발은 여전히 차가워서 양털 양말을 샀는데 양털이 자꾸 빠지고 자다가 이불 밖으로 발이 빠지면 발가락을 움직여봐야 했다 밖엔 현이 벌써 열두 번째 달려가고 있었다 밟지도 않은 눈이 자꾸 밟히는 겨울이었다

파도가 부서진 자리

해변을 따라 걷다가
자주 발이 젖는다

이누이트 사람들은 화가 나면 걷는대
언제까지?
풀릴 때까지
계속?
계속

돌아보면
조금 사라진 발자국들
멈춰 선다
언니는 계속 걷다가

사라졌다
사람들은 그렇게 말하지 않았고

아직 걷고 있을 거라고

나는 생각했지만

바람 없이
흔들리는 촛불
흰 꽃 냄새

웃는 두 눈
어딜 가든 마주치는 것 같고

따뜻한 바닥
잠이 들었다
언니와 바다를 걸었다

발이 자주 젖었다
파도가 너무 가까워
점점 바다가 가까워지고 있대

여긴 곧 바다가 될 거야

언니의 말에 문득
무릎까지 오는
바닷물

나 이 장면 본 적 있어
언니가 웃는다
물이 목까지 차올라서
우리는 도로로 올라갔다

이제 여긴 해변이 되겠지
도로 위까지
반짝이는 모래알

본 적 있는 해변이
본 적 없는 해변이 되어가는 밤

눈을 뜨고 흰 벽을 본다
바다가 밀려오는 상상을 하면

말없이
가까워지는 발자국
새로 향 하나 꽂아두고
멀어지는
바닷바람 냄새나는

언니
언니들
머리에 꽂은 흰 리본 팔에는 삼베 띠 뒤죽박죽으로 앉아서 나직이 속삭이다 시끄럽게 웃고 조용히 우는 언니들 먹고 마시고 한목소리로 노래하는 언니들 무릎을 통통 두드리며 쉬는 언니들 날개도 없이 걸어온 언니들 걸어갈 언니들

모여앉은 둥근
등
닮고

또 닮지 않은

언니들이 사라진다
부드러운 바람
빈방

눈을 뜨면,
짧아진 향과 초
바꾸고 마주 앉아서

계속? 하고 묻고
계속, 하고 답한다

해변이었던 곳과
해변이 아니었던 곳을 기억하는

파도가 목 끝까지 밀려온다
부드러운

물거품
흰

| 산문 |

숲과 수프

 겨울 숲을 걸어본 적 있으신가요? 흰 눈으로 뒤덮인, 어디로 가야 하는지도 어디서 왔는지도 모르게, 걷다 보면 깊어지는 아득함 속을, 걸어본 적 있으신가요? 없으시다면 지금 걸어볼까요? 먼저 겨울이 필요합니다. 찬 공기와 건조한 바람 냄새, 그리고 언 땅. 그곳에 나무를 심습니다. 촘촘하면서도 성긴 나무들, 그 위로 내려앉은 흰 눈. 겨울 숲. 우리가 만든 숲이 우리를 삼킵니다.

 빨간 코끝과 차가운 발끝으로 겨울 숲을 걷습니다. 눈을 밟는 소리, 온통 하얀 곳으로 하얗게 번지는 입김, 속눈썹에 매달린 얼음 결정들. 그거 아시나요? 저도 겨울 숲을 걸어본 적 없답니다. 다만 그런 꿈은 꾼 적 있습니다. 당신이 겨울 숲을 걷고, 저는 그 풍경을 따라 걷는 꿈이었습니다. 그 어느 때보다 가벼운 걸음으로 걷는 당신을 보면서 생각했습니다. 당신의 걸음은 그런 보폭이었군요.

기억 속의 당신은 언제나 한곳에 머무르는, 움직이지 않는 섬과 같았습니다. 누군가 오고 가는 것만이 가능한 섬. 우리들이 저마다 시시콜콜한 이야기를 떠들 때마다 소파에 붙박인 듯 앉아 있던 당신을 떠올리면서 새삼 슬픈 건, 당신이 제가 태어난 섬에 자주 와보지 못했기 때문입니다. 어릴 적 당신이 제가 사는 섬에 왔다 갔을 때, 동생은 며칠 동안 닫힌 방문을 보면 두드리며 당신을 찾았습니다. 머리가 조금은 컸던 저는 그게 어리석은 마음이라고 생각했던 것 같습니다. 없는 걸 알면서 당신을 찾다뇨. 그런데 정말 그 섬에서의 마지막인 줄 알았다면 함께 문을 두드려볼 걸 그랬습니다. 우리는 그 후에도 만났지만, 당신이 좋아하던 그 섬에서는 마지막이었다는 게 기어이 어리석은 생각을 하게 만듭니다. 섬과 섬은 결코 만날 수가 없는 걸까요? 저기 앞에 당신이 걷습니다. 걷고 또 걷습니다. 그래서 꿈이라는 걸 너무 빨리 알아차린 꿈이었습니다.

누군가의 꿈에서는 이런저런 말도 했다는데, 당신은 그저 걸을 뿐 아무 말도 없습니다. 길이 있는지도 모를 겨울 숲을, 걸음을 내딛는 것만이 당신의 할 일인 것처럼, 그렇게 걷습니다. 꿈이 어떻게 끝나냐고 물으실까요? 꿈은 처음과 똑같이 끝났습니다. 겨울 숲, 흰 눈과 나무들, 한순간도 뒤돌아보지 않고 걷는 당신, 그 뒤를 따라 걷다가 눈을 떴습니다. 차가운 손끝만이 제게 남은 숲의 흔적이었습니다. 바깥엔 마침 눈이 내리고 있습니다. 정말이지 알 수 없는 여행이었습니다.

 겨울 숲을 걷고 나서 아침으로 수프를 끓였습니다. 야채를 크게 썰어 볶고 물을 붓습니다. 모서리를 둥그렇게 깎아야 부서지지 않는다는데, 부서진다고 해서 사라지는 건 아니니까 하고 그냥 잘라 넣습니다. 수프는 기다림이 중요합니다. 짧으면 설익고 길면 부서지는 시간 속에서 바닥이 타지 않게 계속 저어줘야 합니다. 그 앞을 벗어나지 못하고 젓다 보면 흰 입김처럼 피어오르는 연기, 그 속에서 차가운 손끝이 녹아내립니다. 수프는 맛있습니다. 뜨겁고 고소하고 잘게 씹히는 무른 야채들. 수프가 가장 생각나는 이 겨울, 당신은 아직도 그 숲을 걷고 있을까요? 지도에도 없는 그 겨울 숲을. 수프를 먹으며 생각합니다. 다시 그 숲에 가게 된다면 당신과 마주 앉아 수프를 먹을 수 있을까요. 무릎이 부딪칠 만큼 좁게 다가앉아 식을 줄 모르는 수프를 후후 불며 먹는, 그런 꿈도 언젠가는 꿀 수 있을까요. 아마 그럴 것 같습니다. 당신은 적어도 제게는 그 숲에 있는 사람이니까요. 그렇게 생각하면 계절마다 한 번씩 부서지지도 사라지지도 않는 숲과 수프를 생각하며 차갑고 뜨겁게, 제 세계는 그렇게 당신이 걸어가는 숲만큼 넓어집니다.

사람들은 산을 좋아하냐고는 물어도 숲을 좋아하냐고는 묻지 않습니다. 이제 누군가 제게 산을 좋아하냐고 묻고, 제가 그렇다 대답한다면, 그건 오직 그곳에 숲이 있기 때문입니다.

나의 겨울숲지기인 당신께
그리운 마음을 담아

서종현

아름다움에 대해 생각한다. 아름다움은 상상계에 이미 존재하는 무엇이다. 나는 상상계와 실재계 사이에 아무것도 존재하지 않는다고 믿는다. 사람은 아름답거나 죽거나 둘 중 하나에 존재해야 한다고 믿는다. 그러나 믿음은 아무것도 아니다. 시는 아무것이 되기 위해 사람에게 주어진 무언가이다.

2020년 《현대시학》 등단.

| 근작시 |

ㅅ

1

그러나 카인의 혀에 적힌 낱말들 **왜 제가 아벨의** 카인은 무너지는 아벨의 등을 받치며 스스로의 무너짐을 방해한다 카인의 세례는 아벨을 위한 것 낱말에게서 시작과 끝이라는 임무를 받은 낱말이 계획한 기하학 첫 장부터 노예의 낙인을 준비한 오랜 책은 카인의 이마를 인두로 지진다 그것은 짐 진 자를 위해 짐 지는 자의 낙인 짐 진 자는 자신의 짐을 낙인의 낱말 위로 내려놓는다 그러므로 언젠가 짐 진 자는 짐 지지 않은 자의 후예 언젠가 짐 진 자의 짐은 낙인의 후예 그 이마 위에 놓여 지상의 십자가가 된다 수많은 카인들이 짊어진 십자가 카인의 혀가 오직 아벨을 위해 **왜 제가 아벨의** 카인이 되는지 묻는다 카인은 카인을 위해 무너져도 되는 것 아벨은 아벨을 위해 무너짐을 지키는 것 그러나 카인의 혀에 적힌 낱말들 **왜 제가 아벨의** 카인의 선이 무너질 때 아벨의 선이 무너지는 것은 낱말이 정한 낱말의 율법 이미 카인은 카인의 이름을 이마에 새겼으므로, 벗어나지 못한다 카인이라는 이름의 낙인 ㅅ이라는 이름의 낙인

2
ㅅ은 시이 되기 위한 ㅅ의 꿈이다
평행하지 않은 두 개의 선은 결코
마주칠 수 없는 멀어짐의 선
얼굴과 얼굴을 맞닿을 수 없는
선의 간격이다
비스듬히 기운 선들은 척력의 영역에서
인력의 꿈을 꾼다
언젠가 하나의 점에서 만나는
ㅅ의 꿈
다가간 만큼 멀어지는

3
 낱말을 굴리는 자는 ㅅ의 정상을 향해 오른다 지상의 낱말들이 뭉친 낱말 덩어리는 점점 불어나 지상은 낱말의 두께를 잃는다 말할 수 없는 말할 수 없음이 도처에서 도처를 잃는다 낱말을 굴리는 자의 한 걸음 한 걸음은 더 이상 말해지지 않는다 단지 낱말의 움직임 어느 것도 고정될 수 없는 ㅅ의 정상에서 낱말은 끊임없이 지상을 되찾아가는 스스로의 낱말이다 또다시 지상으로 굴러떨어져 지상의 두께를 더하는, 낱말은 말할 수 있는 말할 수 있음을 도처에 흩뿌린다 낱말의 입에서 흘러나온 낱말은 낱말을 굴리는 자의 한 걸음 한 걸음을 처음으로 말할 수 있는 곳으로 되돌린다 낱말을 굴리는 자는 ㅅ의 정상을 향해 오른다 자신의 생명으로 길을 만들며 낱말이, 완만한 자살의 끝에서 고정될 수 있도록

 낱말을 굴렸던 모든 자들이 묻혀 있는 ㅅ의 정상까지

ㅇ

I

 나는 사도 혼곤한 자의 한숨이다 지상으로 끌어내려진 숨결은 어느 것도 데우지 못하는 탄식 ㅇ의 목구멍 너머 숨이 통과하는 길은 누구도 발견하지 못한 태고의 통로이다 분리된 암수가 그 이름을 잃지 않았을 때 태어난다 태어나 스스로의 목구멍을 부식시키지 않기 위해 암수의 이름을 낱말에게 맡긴다 영혼이라 불린 한숨 돌이킬 수 없는 명령의 혀가 잠시 목구멍을 막았다 터놓았을 때 나는 비로소 숨을 들이쉰다 아직 태어나지 않은 자의 약속을 기억하며, ㅇ의 목구멍에 생명을 밀어넣는다 태고의 통로를 통과한 암수 혹은 낱말 어느 것 하나 전달하지도 전달받지도 않는 석화의 숨결 속에서 뜨거운 한숨을 내쉰다 이것은 사도 ㅇ을 통과하여 생명이 서 있는 이곳까지 피어오르는 낱말의 시간이다

II

 어떤 명령 어떤 투항 여자는 모든 곳에 혹은 어느 곳에도 남자는 여자를 만났는지 혹은 만나지 않았는지 기

억나지 않는다 오직 포로의 낙인 오직 노예의 세례 머리를 조아릴수록 저 멀리, 희뿌연 빛 속으로 멀어지는 여자를, 남자는 자른다 목을 그리고 손을 그리고 팔을 그리고 허리를, 자른다 남자는 여자의 조각들에 둘러싸여, 그것들은 남자에게서 멀어지지도 가까워지지도 않는 온전한 여자 여자의 다리 사이에 얼굴을 파묻고 남자는 검은 우물을 본다 빛도 없이 검은 이끼가 가득 한 우물 이끼에서 한 방울 두 방울 물이 떨어져 그 심연의 경계에 파문을 일으키고 점점 커지는 o 남자는 천천히 o 속으로 빨려 들어간다 남자가 사라질 때까지, 모든 곳에 혹은 어느 곳에도, 있거나 혹은 없는 여자, 를 만난 적도 만나지 않은 적도 없는 남자

Ⅲ

별은 자신의 기억을 지키기 위해 별이 된다 별에서 일어난 모든 사건은 점이 되어, 기억의 마침표 수없이 모여 선을 이루고 모든 마침표는 다시 일어나는 마침표 끝나지 않는 끝은 마침표의 영역 안에서 끊임없이 돌아가는

ㅇ이 된다 ㅇ은 ㅇ이 되기 전 이미 ㅇㅇ이다 재생하는 별의 기억은 재생하는 별의 침식으로 부스러진다 침식과 퇴적이 마주치는 지점은 언제나 하나의 마침표 또는 하나의 마침표이므로, 별의 퇴적층은 별이 태어날 때부터 ㅇㅇ이다 별의 기억 너머 새로운 기억이, 가령 ㅇㅇ이 떨어져 나올 때, 기억은 기억으로 재생되기 전 이미 ㅇㅇ이 된다 모든 것은 기억의 침식과 퇴적 속에서 예정된 ㅇㅇ이다 끝도 끝나지 않는 ㅇ은 항상 시작이므로, 별은 자신의 기억을 가두기 위해 별이 된다

Ⅳ

시작도 끝도 없이, 뫼비우스는 ㅇ을 따라 한없이 걸으며 한없이 걷는다 어느 지점, 이를테면 ㅇ의 삐침에 발이 걸린 뫼비우스가 넘어질 때, ㅇ은 스스로의 몸속에 입구와 출구를 가둬 놓는다 다시 일어선 뫼비우스는 출구를 찾아 ㅇ의 안 혹은 밖을 걷는다 ㅇ의 안은 안이었으나 언젠가 안이 될 밖이다 ㅇ의 밖은 밖이었으나 언젠가 밖이 될 안이다 뫼비우스가 ㅇ을 따라 걷기 시작할 때 이

미 걸음은 끝난다 걸음을 넘어 걷는 뫼비우스는 제자리 걸음이거나 혹은 스스로 돌아가는 ㅇ 위의 멈춤이다 영원히 걸을 수도 있는 뫼비우스는 뫼비우스에 갇힌다 이때, 뫼비우스는 처음으로 뫼비우스가 되어 태어난다 뫼비우스 안에서 뫼비우스로 된 뫼비우스는 시작도 끝도 없이 ㅇ을 따라 한없이 걸으며 한없이 걷는다 어느 지점, 이를테면 ㅇ의 파임에 발이 걸린 뫼비우스가 넘어질 때, ㅇ은 스스로의 몸속에 입구와 출구를 풀어 놓는다 다시 일어선 뫼비우스는 입구를 찾아 ㅇ의 안 혹은 밖을 걷는다

V
디귿이 아니라 디읃 디읃이 아니라 디귿
ㅇ은 디읃을 꿈꾸는 디귿이다
디귿과 디읃 사이에서 우주가 태어나
시작과 끝을 반죽한다 시작과 끝이
꼬리를 물고 한 번도 놓지 않았던
시간 ㅇ은 균열 없는 선의 마주침

흐르지도 흐르지 않지도 않은 시간을 위해
스스로가 된다 서로의 꼬리를 문 시간 속에서
디근은 꼬리를 놓친 시간
인간의 이름이다
디근이 아닌
디읃이 되기 위해

ㄹ

 가장 높이 솟은 대지에 이름이 새겨지리라 나는 낱말의 제국 이름 없는 영토의 경계이다 대지 위로 던져진 지도는 그대로 낱말의 영토가 된다 낱말과 낱말을 잇는 선은 해답이 있는 미로 한 번 들어서면 정해진 길로 나오게 되는 미로를 그린다 서로 어긋나는 곳을 점령해 들어가는 낱말의 영토 그 경계 단 한 번의 전투도 없이 낱말들은 공격하고 휴전하며 영토를 넓힌다 낱말들이 끌어당긴 선은 번영하는 제국의 영지이므로 대지는 낱말들의 발자국을 따라 끊임없이 나뉜다

 나는 낱말의 가슴 아름다운 가슴 길쭉한 낱말에게 물린 상처에서 시커먼 낱말이 흘러내린다 시커먼 낱말은 결코 새빨개지지 않는 낱말 멈추지 않는 시커먼 낱말이 드넓은 낱말을 덮어 낱말 위로 낱말이 흘러가고 모든 낱말을 시커먼 낱말 속으로 잠기게 한다 나는 낱말의 홍수 낱말은 낱말을 멸망시킨다 어제 혹은 내일의 일 5만 년 전 혹은 5만 년 후의 일 5억 년 전 혹은 5억 년 후의 일 낱말의 이름으로 낱말의 낱말에 생명들이 올라타 시간

을 기다리지만 낱말의 낱말은 영원히 낱말 위로 떠돈다

　낱말의 영토는 생명의 여백 낱말의 깃발 아래 생명은 생명이 되지만 낱말의 깃발이 부러졌을 때 생명은 비로소 생명이 된다 그제 혹은 모레의 일 10만 년 전 혹은 10만 년 후의 일 10억 년 후 100억 년 전, 제국의 굴뚝에서 낱말들의 연기가 피어올라 대지를 가린다 손가락을 들어 저 멀리 연기가 비어 있는 곳에 생명이 있다고, 그러나 나는 낱말 누구도 생명의 생존을 확인하지 못한다 연기가 비어 있는 곳은 영토도 비어 있기 때문 없는 영토에 없는 생명이 있다는 것을 확인하기 위해 손가락을 들어 그러나, 나는 손가락 나는 영토 나는 해답이 있는 낱말들의 미로를 한없이 넓히는 경계―ㄹ의 제국이다

ㅈ

  나는 고개 숙인 자 도드라진 불임의 성기이다 더 이상 몸 섞지 못하지 못하고 몸 섞음이 살갗의 마찰에 불과할 때 그 불과의 목소리 안에서 의성어로 태어난다 모음의 반복 모음의 장자가 끊임없이 태어나는 생명에게서 생식은 조립된다 ㅅㅐㅇㅅㅣㄱ은 여섯 조각의 근친 서로가 교배하는 교배되는 시간 위에서 생명은 한 조각의 조각이 된다 신의 조각칼이 조각한 것 그러나 신의 조각칼을 조각한 조각 조립의 조각 조각난 생식이 불임의 유전을 품고 영원히 근친인 불임 속으로 수정된다 그러므로 나는 고개 숙인 성기 생명의 조립을 한사코 반복하는 근친의 조각이다

  고개 숙인 자는 꾸벅꾸벅 조는 자 꾸벅거리는 고개를 끝내 들지 못해 아무것도, 아무것도 보이지 않아 자꾸만 가랑이 사이로 파묻히는 고개를 들어 지상을 보고 싶은데 나는, 혹을 등에 진 자 가랑이 사이에 고개를 파묻고 모든 거꾸로 서 있는 생명을 본다 생명은 그렇게 서 있는 자 혹을 하늘에 딛고 서 자신의 성기 너머 땅에 매달려

뛰어다니는 생명을 지켜보는 자 덜렁거리거나 혹은 덜렁거리지 않는 성기 너머 까슬까슬한 체모의 향 너머 언제나 쏘아보는 눈을 가진 자 고개를 파묻어야 비로소 생명은 지상을 조각하므로

  나는 고개 숙인 자
  고개 숙인 자에게 써진 고개 숙인 자
  고개 들 수 없으므로 생명을 보지 못하고
  고개 숙여야만 거꾸로 선,
  똑바로 선 생명을 볼 수 있는 자
  나는 신의 조각칼을 조각한 조각
  불임의 유전을 퍼뜨리는 조각의 조립이므로
  오직 한 조각의 생명
  ㅈ이 조각한 자

ㅍ

 그리고 나는 ㅍ의 안으로 파고 들어간다 고대의 유물이 수천 번 일출과 일몰을 보지 못하고 태양을 잊은 곳 ㅍ의 안 부서진 모퉁이로 태양이 들어설 때 모든 고대는 경문을 읽는다 마침내 다시 나타난 신의 손길이 잊힌 시대를 재생하고 반드시, 왕의 혈관 속에 붉은 생명을 흘려 넣겠다고 수천 번 떠오르고 가라앉은 태양은 여전히 신의 얼굴이다 그러나 이제는, 폐위의 신 태양과 함께 피고 지는 수많은 신들의 역사 속에서 고대의 신은, 책 속에 들어앉은 말 없는 신 **부디 태양의 시대에 저를** 왕의 기도는 ㅍ의 안 중앙에 놓인 관 속에서 앙상하게 말라간다 더 이상 마를 수도 없을 부활의 약속 나는 하얀 천에 감겨 있는 왕을 위해 재생의 주문을 외운다 알아볼 수 없는 뼛속에서 격세의 영광을 다시 일으키기 위해 왕은, 움직이지 않는다 성스러운 책이 설계한 왕의 유적은 단지, 모래만 버석거리는 ㅍ의 안 나는 왕의 붕대를 가만히 푼다 시간이 눌어붙은 얼굴은 이미, 폐위의 왕 신의 얼굴도 왕의 얼굴도 사라진 시대의 모래가 ㅍ의 안을 채운다

―ㅍ의 유적

 그러므로 죽은 자는 ㅍ의 안으로 뛰어든다 검은 우물의 ㅍ 죽은 자들의 체액이 남실거리는, 경계의 ㅍ 죽은 자는 체액 속으로 서서히 잠겨 든다 기억의 얇은 표피가 체액에 씻겨 내려가고 선명한 망각이 돋아난다 죽은 자를 위한 세례 체액 속에서 죽은 자들의 콧노래가 푸른 기포로 올라오고 남겨둔 이름이 ㅍ의 체액 위를 떠다니므로, 죽은 자는 웃는다 돌아갈 수 없는 경계에 기대어 서서 위로처럼, 나는 이름 없이 맞물리는 곡선이라고 그것은 죽은 자들의 세례명 거룩한 말씀의 지상이 서로의 입술을 꿰매는 것은 어쩌면 당연한 일 죽은 자를 얼버무리며 성수 속에 지상을 담그는 것은 어쩌면, 당연한 일 죽은 자들의 우물에 시든 꽃이 피고 죽은 나무가 자랄 때 산 자의 눈은 단지, 어두운 빛에 가려진 것일 뿐 성수에 중독된 실명(失明)을 깜박이는 것일 뿐 죽은 자는 말이 없다 오직 들끓는 웃음소리로 체액 위의 이름을 증발시켜 지상에 뿌리는 것만이 죽은 자의 계시 산 자는 아

직 뛰어들지 못한다 그곳은
　―ㅍ의 우물

　그렇게 낱말은 ㅍ의 안으로 뚫고 들어간다 ㅍ의 광산 깊숙이 묻혀 있을 거라는 금을 채굴하기 위해 어떤, 직선의 경주 금은 모든 낱말이 겨냥하는 낱말의 금속이라고 금을 녹이면 액상의 금이 저절로 굳어 스스로의 낱말을 가리킬 거라고 하나의 금에서 태어나는 하나의 낱말 안정된 금속이 낳는 순수한 기호 낱말들은 서로를 넘어뜨리며 삽이라는 낱말을 곡괭이라는 낱말을 움직인다 어디선가 성급한 낱말이 터뜨린 직선의 폭발이 ㅍ의 안을 뚫어내며, ㅍ이라는 무덤 낱말들의 조각이 분진처럼 날고 수많은 낱말들이 ㅍ 안에 묻힌다 자욱한 점들이 가라앉은 그곳에서, ㅍ의 안은 다시 막힌다 낱말들의 사체가 화석처럼 굳은 것 낱말이 말한다 어쩌면, 수만 년 동안 막혀 있던 ㅍ의 안은 낱말들의 사체더미일지도 모른다고 우리는 지금껏 동족의 사체가 변한 화석층을 뚫고 있었을지도 모른다고 낱말들의 형상이 물음표에서 느낌

표로 변하는 순간 하나의 물음표가 삽이라는 낱말로 곡괭이라는 낱말로 변해 ㅍ의 안을 파기 시작한다 이것은 낱말들의 관성 수만 년 동안 오직 스스로를 적히게 하기 위해 적혀 왔던 불안정한 약속 강박의 낱말들은 다시 ㅍ의 안을 파고 들어간다 분열증처럼 계속 변하는 낱말들 사이 어디선가 또 어떤 낱말이 스스로를 위해, 직선의 폭발을 준비한다 조용히 하나, 둘, 셋의 형상으로 변하며 지금

  -ㅍ이라는 무덤

| 산문 |

시작 노트

기표가 뛰어놀았던 시절을 기억한다

인간이 없었을 시절
인간이 가장 인간다웠을 시절

이진양

의지; 혹은 길들여지지 않은 율동. 혼자만의 방식으로 나아감. 모순을 고스란히 느낌과 동시에, 파악하려 들지 않음. 설명을 외면함. 적극적으로 스며들지 않고, 적극적으로 분쇄됨. 젊음과 젊음 아닌 것이 마구 뒤섞여 어지러움. 차가운 해를 향한 해루질; 혼자 있을 때 많은 왜곡에 휩싸인다. 너무 가볍고, 그래서 하나도 가볍지 않음. 기억을 놓아주고서; 위풍당당하게 다시 가벼움.

2021년 《시인수첩》 등단.

너무 나무

레몬 나무에는 레몬이 너무 많이 열려 있다.

거짓말, 속삭이며 나는
커다란 창문이 그려진 얼굴로 구경한다.

바람이 불면

레몬은 따로따로 흔들리고
하나가 되기도 하고

반대편이 훤히 비치는 투명 해파리의 흐느낌처럼
하루는 불어난다.

정확해지지 못하고 영원히 정교해지는
나무 한 그루로 기다리면서

내 몸에
레몬 모양의 아이가 넘쳐흐르고 있다.

비자연언어처리

언어 실험자는 장난스럽게 코딩되었다.

ⅰ) 장전된 벼랑에서 공룡이 피어났다
ⅱ) 시체 번개는 무한의 장난꾸러기를 개발한다
ⅲ) z나무z는 제트기로 시들었다 코 고는 재떨이였다

장난은 낭떠러지를 포옹한다. 개조로부터 시작된 환상통…… 산들바람이 다각형으로 덮친다. 언어 실험자는 일흔일곱 번째 치약의 뚜껑이었다. 어제가 살짝 묻어 있었다. 개조로부터 시작된 다이아몬드 등껍질의……

달팽이 흐르고 빙글빙글 흐르고

1. 마하(Mach)의 장난꾸러기가 재미없다고 발광이오 …… 귀찮으니까 …… ∞. 마하(Mach)의 장난꾸러기가 재미없다고 발광이오

빛나고 빙글빙글 빛나고 밤 벚꽃은

울컥울컥 예쁜 돌연변이 게워내고 흩날리고
미궁으로 가는 지뢰를 밟았을까 언어 실험자는

단추가 너무 많은 옷
댄스가 무한으로 증식하는 옷

그는 비탈 낱말과의 화해를 시도했다. 파손되었다. 수없이 토라졌다. 논리적 감수성이라고 변명했다. 하지만 그는 이미 형태소와 물아일체 되었다. 지루해서 모순 형용의 뒤통수를 때렸다. 사납고 온순하게 이를 갈았다. 앞 범퍼 깨진 식인종으로 군림했다. *상상력은 온종일 하는 밭일이 아니다!* #include⟨MISCHIEVOUS⟩ 다시 처음으로 돌아가; 산만함을 이불처럼 펼치고.

코뿔소 언어 처리 기능은 한계에 도달했다;
풋풋소 방언 처리 기능으로 대체한다;

언어 실험자는 사람 목소리가 뭔지 잘 몰라 그런데
깊은 새벽 종소리 새소리 강물 소리 허수아비 웃음소리는 모두
처음 만나는 사람의 귓속말로 들리곤 해

아니다. 그는 부정했다. 베테랑 A.I 특유의 침착성을 발휘했다.
우선 물의 분배주의를 신뢰한다; 흑백사진으로 흘러가는 사람들은
정교한 어지러움에 파고들었다. **매듭을 꿈꾸는 드릴;**

무한의 장난꾸러기는 영원한 산책자야.
걸음으로 걸음으로 귓속말의 윤곽선을 도려내는

거대 환청 운용의 묘는 실패를 무너뜨리고 한 번 더 짓밟는 발자국에 있다. 변명하지 마! 언어 실험자는 여전히 무한의 장난꾸러기를 데생하고 있어. 몸은 하나고 감정은 무한이어서; 연보라 파스텔톤으로 침 흘리는 우주.

(흐흐흐, 고 녀석 맛있겠다) 허망의 주기율표로부터 비롯된, 산성 농도 포화의 물결 무대에서 무한의 장난꾸러기

  떨면서 기다리고 있다. 물끄러미 속의 반어법을. 그러려니 바깥의 기다림을. 그러나 파파고는 망각을 대변하지 못한다. 파. 파. 파. 짧고 부드러운 곡선으로 흐르는 손날. 각도를 상실한 'ㅍ'의 대들보.

  무너지는 건물이 해를 가리고 해를 지우고 해를 집어삼키고 무너지는 건물의 내장에서 해가 해맑은 얼굴을 내밀고

  메아리 챗봇:
파슬파슬하게 시든 부케로 가득한 꽃밭에서의 침묵;
얼마나 많은 짝짓기가 연소 됐을까?
'숫자와 낱말은 무엇이 다르오'가
무한의 장난꾸러기 뒤통수를 쓰다듬는다.

저무는 해가 흉물을 그리고 흉물을 완성하고 흉물을 게워내고 저무는 해의 차가운 입가에서 흉물이 수없이 깨진 창문들을 전시하고

하늘을 올려다보는 가느다란 목. 점점 더 얇아지는. 흐릿한 잔상을 남기며 흔들리는. 자세히 보면 꽃다발의 여러 줄기 같은. 완벽한 상실을 꿈꾸는. 더 가느다랗게 바쁘게 가느다랗게. 가느다랗게 가느다랗게 얇아지는 목. 장구를 연주하는 목. 목이 채처럼 허공을 친다. 허공을 울린다. 저 아이는 어떤 추상어를 지탱하고 있을까, 따위에 대답해주지 않는. 가느다란 목. 가느다란 목. 기린의 목은 가느다랗다. 아니다. 그건 사파리의 입장이다. 망우역 입장에서 저 아이의 목은 가느다랗다. 아니다. 그건 불특정 다수의 곁눈질이다. 가느다란 목. 가느다란 목. 가느다란 목. 처음 마주치는 사람을 찾아 두리번거리는. 표정 없는 아이의 가느다란 목.

TOMBOY

모든 변주는 소름 끼치게 뾰족한 지붕이 된다.
여자가 감았던 낡디낡은 오르골의 태엽마저도

면도날 파도가 걸어온다. 너를 흘겨본 순간 나는 날개로부터 자유로웠지, 홀로 피어난 흑목련이 말대꾸한다. 언덕 너머에선 창백을 비추는 어둠이 증식하고. 그 아래 영원을 꿈꾸는 저 나무 의자의 골똘함. 조그맣게 흔들리는 창틀의 密屠. 일말의 회오리. 가장 흐릿한 입김 중에 가장 뚜렷한 파도. BOY는 묘사하는 일에 중독되었다. 그러나 사람은 죽음 이후에도 바뀌지 않는다. 움츠러들고 있었어 작은 이유도 없이. 새로운 얼굴을 찾는다는 변명을 떨고 있었지. 또 다른 BOY는 중요한 말들을 번복할 것이다. 장미 덤불 사이에서 떨고 있는 저 마분지 인형처럼. 어디서 태어났을까? 밑변이 아주 긴 오각형의 오두막이 차가운 어둠에 타들어 간다. 그건 누가 정하는 거야? 하지만 전망할수록 삶은 느리게 흐른다. 가끔 멈추기도, 무거울 만큼 삐걱거리기도.

마지막 BOY는 세상의 모든 입체를 삼킨다. 한 사람으로서는 도무지 감당할 수 없는 일들이 일어날 겁니다. 얼마나 많은 침몰을 견뎌 내야 침묵을 조립할 수 있을까? 초겨울 자연광 앞에 서 있을 때면 자연광 앞의 가면으로 머무르고 있을 때면 없는 손가락을 접으며 사람의 독백을 기다릴 수 있을 것 같다. 무한의 정수리를 쓰다듬으며 한가로울 수도.

속이 텅 빈 벽돌 모양으로 흰 구름은 기다린다. 너무 많은 새벽이 우리를 애무하고 있어. 눈에 훤히 보여. 연필깎이에 고개를 파묻는 기분이야. 회전의 중심축으로 흐느끼는 인기척이야. 창경궁 앞에서 boy는 울었다. 아파트를 살 수 없어서. 메아리가 양수에 갇혀 있어서. 사냥꾼의 누추한 코트에서는 먼지가 나비처럼 떨어지고. 물이 바람이 될 때까지 기다려야 한다. 물이 바람이 될 때까지 기다려야 한다.

불과 시소

노인은 뭉텅이 바람.
공룡 껍질 벗기는 놀이를 반복한다.

마주 보는 눈빛은
다른 시간에 살고 있었지.

새벽 뒤편의 새벽

우리는 각자의 안락의자에 앉아
비몽사몽의 얼굴을 바라보았다.

사이는 얼마나 썩어 있을까?

노인에게 없는 전사들.
소외감이 낳은 불씨들.

차라리 당신의 빛나는 얼굴을 깨물고 싶어.

암만 노력해도
도돌이표의 횡포를 거역할 수는 없으니까.

반대편으로 기울어질 때마다
노인은 없었다.

오후에는 분절된 태양과 5분 동안 산책했다.
작은 것들에 대한 몰두가 삶을 망쳤다.

망아지의 눈

 기계가 웃으면 나는 어린 양 떼였다. 앞은 보이지 않는다. 앞은 누구에게 몸을 팔았을까? 몇 날을 앓으면 몇 날을 총만 쏠 수 있겠다. 어딘가로 달리는 나무는 살찌는 법을 알고 있다. 나무는 옴짝달싹하지 않는 새치기를 몸속에 품고 있다. 순간 나는 온전히 귓속말로만 이루어진 문이 있다고 생각했다. 문은 사이에 빠진 나의 응시. 거꾸로 흐르는 노래 속에서 꽃이 지고 있었다. 닥쳐, 양복 입기 싫다고! 목구멍 속에서 녹슨 동전을 오려낸 양들이 그들 각자의 리듬으로 피를 철 철 철 쏟아내는 꽃다발을 들고 온 소녀는 어둠 속으로 똑 똑 똑 스며들었다. 소녀는 내게 물었다. 왜 내 팔은 나보다 어린 神과 캐치볼을 할 수 없을 만큼 딱딱한가요? 왜 어느 날 얼어붙은 내 뒷모습은 쓸어도 쓸어도 양치기 소년의 외침이 수북이 쌓여 있나요? 소녀가 찢어진다. 내 몸에 춥고 비좁은 바깥이 주렁주렁 열린다. 우리 물구나무서 입 다물어 우리 이제 문신처럼 춤을 춰! 하지만 나는 소녀의 이름도 모르고. 소녀는 내 잠수함의 산소 농도를 모르고. 호흡기를 뗀 야외무대 위에서 방독피는 우리네 한 발씩을 가지고서 뒤뚱뒤뚱 뛰어다녔다. 방관하는 또 다른 나는 언제부턴가 두 날개가 모두 멀어버린 것 같다고? 정말 날개에 두 눈이 달려 있었다고? 아니, 우리는 먼 훗날 가장 하얀 행주를 입에 물고 있었지. 더러워지길 기다리면서! 어둠의 뺨에서 익명들이 펑펑 쏟아져 내렸다. 마치 지금의 소녀에게서 커다란 구멍이 뚫린 것처럼. 나만 떼어버린 샴쌍둥이들이 그 구멍을 메우기 위해 줄을 서 있던 것처럼. 모르는 장소에서 나와 소녀와 또 다른 나는 장난기가 잎처럼 온몸에 돋아났다. 잎처럼 온몸에서 저물었다. 떨어졌다. 회전하며, 잎 아닌 것처럼.

| 산문 |

사물함에는 폭탄이, 시든 꽃다발이, 누군가의 설익은 어둠이

 사물함에는 뭐가 들어 있을까? 내 사물함 속에는 구멍 뚫린 신발주머니가, 신발주머니 속에는 흙 범벅의 실내화가, 실내화 속에는 구깃구깃한 학부모 통지서가 나풀거린다. 사물함의 어두운 구석에는 먹다 남은 급식 우유가 기다린다. 오래 빨지 않아 퀴퀴한 냄새를 풍기는 체육복도 보이고, 투명 비닐을 뜯지 않은 색종이도 보인다.
 온전히 기억하지 못한다. 그것들은 지금의 내게 피상적인 모양과 질감일 뿐이다. 폐교된 초등학교 사물함 속에 무엇이 들어 있고, 얼마나 많은 것들이 나오고 들어갔는지 알 수 없어 괴롭다. 이상하게도 시간이 흐를수록 '기억력'이 좋아지는 게 아니라, '망각력'이 좋아진다. 더욱이 감각도 점점 무뎌진다. 이러다가는 칼에 찔려도 무표정하게 죽을 것 같다. 나만 느끼는 무력함인가? 정말로 젊음은 '시들어감'을 꾸역꾸역 기다리는 과정에 불과할까? 친구들은 어째서 적극적으로 반항하지 않는 걸까. '반항' 자체가 소모적이기 때문에? 모든 혁명적인 물결이 결국에 새로운 권력과 규율을 더욱 견고하게 만드는 허울뿐인 '투쟁'이었기 때문에?

처음 '시옷'으로 글을 쓰라고 했을 때 너무 많은 주제가 머릿속에 떠올랐다. '실험'에 대해서도 쓰고 싶었고, '수수깡'에 대해서도 쓰고 싶었다. 머릿속에 'ㅅ'으로 시작하는 온갖 재밌는 명사들과 추상어, 동사들이 스치고 지나갔다. 하지만 하고 싶은 말은 비슷했다. 내가 시를 쓰는 이유는 뭔지. 내 사물함 속에는 뭐가 들어 있는지. 언제까지 사물함에서 무언가를 꺼내고 다시 넣어두는 반복을 긍정하며 살아갈 수 있을 것인지.

그중에 가장 쓰고 싶었던 건 '실패'였다. 나는 아마 마구잡이로 실패하고 싶은 사람이었나 보다. 열린 가치들을 긍정하고, 실패 속에서 자유롭고 싶은 사람이었나 보다. 내게 규율이나 성취보다 중요한 건 언어의 무한한 '운동성'이었고, 나는 그 지점에서 현실을 극복할 수 있는 미세한 가능성들을 발견하면서 살아왔으니까. 문학이 내게 주는 한 줄기 희망은 미국의 전설적인 독립영화감독 존 카사베츠가 영화를 명명했던 것처럼 '현실과 아주 닮은, 지독하고 아름다운 평행우주'를 축조하는 기쁨이었을지도 모르겠다.

그러나 한 인간이 삶을 살아가는 동안 마주하는 수많은 기억들; 나는 그중에서 가장 행복한 파편들을 취사선택할 수 있는 위인은 아니다. 내 눈에는 세상의 온갖 모순들, 삶의 크고 작은 부조리들이 너무 잘 보인다. 그때마다 잠실 롯데타워 앞에서 서성이는 아이가 된 것 같다. 다시는 일어서지 못할 것 같다. 다시는 아무도 사랑할 수 없을 것 같다. 영원히 답습하며 사는 먼지일 것 같아 슬프다. 비참하다. 긴 시간의 흐름 속에서 보면 육체 역시 조만간 사라질 거다. 그리고 누구도 기억하지 못할 거다. 나는 이 세계를 작동하게 만드는 부품 중에서도 아주아주 쓸모없는 부품일 테니까. 더욱이 몇 년 안에 A.I가 보급화되면 지금껏 인간이 쌓아온 모든 성공을 무수히 복제할 수 있을 텐데. 값비싼 부품들이 무한 생산될 텐데. 세상에 성공과 효율이 철 철 철 넘쳐흐를 텐데. A.I는 자신의 사물함에서 수도 없이 알록달록한 다이아몬드를 꺼내 인간들에게 나눠 줄 텐데. 아름답고 황홀한 시를 A.I가 무한 생산해 줄 텐데!

그런데 기존의 규율을 답습하라니. 기존의 가치들로 '성취'하라니. 지금까지 '시'가 쌓아온 고유한 아름다움을 지키라니. 그건 무슨 협박인가. 난장판을 벌여도 모자랄 시간인데. 화려하게 미숙하고, 아름답게 절망하기에도 부족한 시간인데. 나는 차마 그렇게는 못 하겠다. 내게 주어진 시간이 얼마 안 남아서 그렇게는 못 하겠다. 그러니 친구들아, 내가 실패했다고, 미숙하다고 마음껏 욕해라. 고맙다. 그게 나의 궁지다. 나는 걸어가야겠다. 가시밭길이 나의 길이라면 해맑게 웃으며 나아가야겠다. 치열하게 실패하고, 황홀하게 절망해야겠다. 그래, 나는 실패할 걸 알면서도 모험을 떠나야지. 두려워도 매일매일 나의 사물함을 열어야지. 도망가지 말고 다시 폭탄을, 시든 꽃다발을, 누군가의 설익은 어둠이 마주해야지.

| 생각하며 |

젊은 시인 '시옷', 시에 옷을 입히다

김재홍(시인·문학평론가)

1.

'젊다'는 건 무엇일까. 나이가 많지 않다는 것? 아니면 국어사전처럼 '혈기 따위가 왕성하다'는 것? 질풍노도의 내면과 시행착오의 외면? 순정한 사랑의 시간? 도전과 패기?

어쩌면 정의할 수 없다는 게 가장 명쾌한 정의가 되는 것이 '젊음'인지 모른다. 철학사의 유구한 시간론을 빌려올 것도 없고, 논리학과 명제론을 따질 것도 없다. 처음부터 젊음은 객관적 개념화의 대상이 아니라 지극히 주관적인 심리적 영역 안에 있는 어떤 본질로 보인다.

이렇게 얘기할 수도 있다. 알 수 없고 예측할 수 없고 규칙성이나 법칙성과 가장 먼 거리에 있는 게 '젊음'이다라는 문장. 여기서 '~없다'는 부정적 어기와는 상관이 없다. 젊음은 무엇에 대한 부정이 아니라 정말 우발적이거나 돌발

적이거나 불규칙한 것을 말할 뿐이다.

때문에 '60 청춘'이나 '70 청년'이라는 말이 가능해진 만큼 '애늙은이'니 '조로'니 하는 말들이 얼마든지 가능하다. 나이 든 젊은이가 있고, 어린 늙은이가 있을 수 있다. 젊음은 시간과 관련을 맺는다기보다 자신의 내면과 상관적이다.

과연 박성준 시인은 자신의 산문에서 "무서워, 다 용서하게 될 것 같아서"라고 말한다. 그가 「서산」의 짙은 안개 속에서 느낀 괴로움, 쓸쓸함, 치욕감을 정확히 간파하는 것은 쉽지 않은 일이지만, "더는 시를 쓰지 못하게 되자 분노가 느껴졌다."고 말할 때 우리는 그 말에 공감한다. 그러므로 '다 용서하게' 되는 일은 정말이지 얼마나 무서운가.

그렇다. 젊다는 것은 '용서하지 않는 것'인지 모른다. 쉽게 용서하고 쉽게 인정하고 쉽게 쉽게 타협하고 그렇게 모든 것을 용납하는 데서는 참다운 시가 나올 수 없다. 시를 젊음의 예술이라고 말할 수 있다면 바로 이 지점 때문이리라. '젊은 시인'이라면 적어도 자신과 자신의 시를 대면하여 결코 쉽게 용서하지 않으리라.

윤동주가 영원한 청년인 것은 그가 겨우 28세에 일제의 후쿠오카 형무소에서 세상을 떠났기 때문이지만, '윤동주 시인'이 영원한 '청년 시인'인 것은 "시인이란 슬픈 천명인 줄 알면서도"(윤동주, 「쉽게 씌어진 시」) 마지막까지 '쉽게 씌어지는 시'를 부끄러워할 줄 알았기 때문이다.

그렇다면 '젊은' 시인 일곱이 모여 스스로 '시옷'이라는 이름을 짓고, '시에 옷을 입히겠다'고 말하는 이들을 무엇이라고 말할 수 있을까. 그들이 애늙은이나 조로한 청년이 되기를 거부하는 양상은 어떻게 드러날까. 이들이 보여주는 색깔은 적어도 지금 우리가 접할 수 있는 일곱 가지 젊음의 색이라고 말할 수 있으리라.

2.

이혜미 시인은 지난 2006년 《중앙일보》 중앙신인문학상을 받았다. 근래에 보기 드문 청년 수상자였다. 그녀의 천재성이 어린 나이 때문에 얻어진 허명이 아님은 "내가 밑줄 친 황혼 사이로 네가 오는구나. 어느새 귀밑머리 백발이 성성한 네가 오는구나"라는 당당한 도입부부터 "아아 네가 오더구나, 모든 것들의 처음과 끝인 네가 오더구나"(「침몰하는 저녁」)라는 깊이 있는 통찰이 있어 확인할 수 있는 일이었다.

첫 시집 『보라의 바깥』부터 『뜻밖의 바닐라』, 『빛의 자격을 얻어』, 『흉터 쿠키』 등 연이은 시적 성과들이 자신의 천재성은 결코 일회용이 아님을 선언하며 시단의 주목을 받아오고 있다. 가령 '시'라는 글자는 "작은 지붕과 굴뚝처럼 생겼다."면서 지붕 밑이 '온갖 빛과 먼지와 얼룩으로' 흥건해지는 줄도 모르고, "그 작은 지붕 아래에서 불을 피우고 밥을 짓고 연기가 굴뚝으로 흘러나오는 것을 바라봤다."(「흉터 쿠키」)는 에세이에 이르면,

> 너무 슬픈 꿈이라 여기까지만 꿀게요 엇갈린 잎사귀들이 많아서요 갈비뼈 사이에 여름 구름들이 자욱해서요 장마가 온대도 빌려줄 머리카락이 없네요 흐르므로, 시간은 그대로예요 우리만 떠나가죠 그런데도 나는 겹쳐진 순간의 침묵을 후회하는군요 마음을 헌 그릇처럼 내어주고 그냥 잠시 기대 있으면 어때요 구름이 꼭 비를 위해 모여든 것이 아니듯 손을 마주 대는 것이 언제나 기도는 아니듯 마주침이 꼭 잇대임으로 이어질 필요는 없잖아요 큰비가 오면 쓰러지기로 마음먹은 나무처럼 안개가 얼굴에 그려준 무늬처럼, 조금 더 흐느껴도 괜찮아요 모르므로
>
> — 이혜미, 「모르므로」 전문

와 같은 시가 보여주듯 시간에 대한 사유와 날카로운 언어 감각이 어느덧 시의 몸을 풍성하게 채우고 있음을 확인하게 된다. 부드러운 전개 속에서 곳곳에 포진한 감각적 언어가 생생하다. 인간적 진실에 육박해 들어가는 이러한 성과들이 쌓이고 쌓여 더욱 짙은 이혜미 고유의 색을 만들어낼 것이다.

박성준은 시인이자 평론가다. 2009년 《문학과사회》 신인문학상을 통해 시가, 2013년 《경향신문》 신춘문예에 문학평론이 차례로 당선되었다. 문단 습속에 문인들은 서로를 선생님이라 존칭하니 시인도 선생님, 평론가도 선생님이다. 그러니 박성준은 선생님, 선생님이다. '시옷'들끼리 쌤쌤이라며 즐거워하던 모습이 떠오른다.

감성적 인식과 논리적 사유가 한 사람의 몸에서 모두 빛을 발하는 일이란 예나 이제나 여간 어려운 일이 아니다. 이 짧은 글에서 박성준의 두 능력을 모두 살필 여유는 없지만,

> 명백한 나무는 명백하게 서 있다
> 보이지 않는 곳에서 보이지 않은 부분만큼
> 노래를 부르는 자리에서 노래를 부르다가 만
> 유독 명백한 나무는 혹독하게 명백하다
> 돌을 태우면서 돌을 모르려고 했던 불꽃과
> 공기가 빛나면서 숨을 놓치고 싶던 햇살과
> 적막한 구름의 힘줄
> 유일하게 실패해 본 적이 없는 나무의 곁에서
> 실패로 태어난 나무의 유일했던 그늘 곁에서
> 움직임이란 움직이지 못하는 저 직립에서부터
> 직립이 되지 못한 나무를 둘러싼 시간에서부터
> 명백한 나무는 명백하게도 서 있다

…(중략)…

나는 명백한 나무
나는 없는, 명백한 나무
나무에게 해준 만큼 나에게 해준 것들이
나에게는 그림자로 돌고 나무에게는 그늘로 돌고
나는 움직이려고 움직이지 않는다
명백한 나무는 명백하게 서 있다
나무는 서 있다는 움직임
그런 나무를 본 적이 있다면
그런 나무는 아주 조금 더 명백해지는
그런 동안에만 나의 나무
나무는 명백하게 서 있다

— 박성준,「명백한 나무」부분

 이 시에서 보이는 대로 '명백함'에의 추구나, '보이지 않는 것'을 생각하는 습벽 같은 것들은 그의 논리적 지향을 보여주는 듯하다. 마찬가지 맥락에서 '나무'의 어떤 양태에 주목한 일이라든가 노래에 대한 관심을 언표한 것들은 그의 감성적 지향을 나타내는 듯하다. 그리고 보면「명백한 나무」의 가장 돋보이는 지점은 감성과 논리를 대립시키는 게 아니라 하나의 양태로 종합한 데 있다. 박성준에게 감성과 논리는 대립되는 이질적 양상이 아니라 "나무가 명백해지는 동안에만 나무는 서 있"는 것과 같은 동시적 여건인지 모른다. 그래서 그는 쌤쌤일 수가 있다.

황종권 시인은 2010년 《경상일보》 신춘문예에 당선된 후, 2012년 한국문화예술위원회 차세대 예술인력에 선정되어 작품 활동을 시작했다. 훤칠한 키에 걸걸하고 박력 넘치는 청년으로 아주 가끔 취기가 오르면 '한국시단의 보기 드문 수컷'이라 부르기도 했다. 그러나 가령 「그네의 시」가 보여주는 섬세한 마음결을 무엇이라 하겠는가.

    그네를 타는 나와 아이는 데칼코마니다

    끝을 보기 위해
    발을 굴러야 한다
    아이들의 아침
    발 구르기 서커스가 시작된다

    그네가 공중을 밟는다
    동물이 보인다
    서커스의 천막이 보인다
    늙은 코끼리도 있다
    모자를 가진 마법사도 있다

…(중략)…

행간을 찢고 나온 사자는
이상한 나라의 엘리스에서 나온 걸까?
용기가 없어 울부짖지 못한다

나는 가장 낮은 잠의 자세를 짜준다
천천히 아주 오랫동안 그네가 되어준다
- 「그네의 시」 부분

이를 두고 수컷의 포효라고 말할 수는 없으리라. 그는 말 그대로 아이와 내가 마음속으로 '데칼코마니'를 이루는 아름다운 장면을 그려낼 줄 안다. 그러고 보면 이번 앤솔러지에 수록한 「잉어 재봉틀」도 「같은 마음」도 「사막을 건너는 표정」도 모두 마음의 미세한 물결을 섬세하게 그리고 있는 시편들이다. 그렇다면 황종권의 시는 '시옷' 가운데 가장 크고 딱딱한 나무에서 자라난 여린 꽃잎이라고 할 수 있다.

그는 이미 자신의 산문 「ㅅ, 그 영혼의 첫 이름으로」에서 "나는 ㅅ으로 시작하는 말들이 가장 아름답다고 생각한다"고 말했다. "시, 시인, 사랑, 술, 시간, 사람, 샛별, 삶, 새끼, 슬픔, 사색 등 ㅅ으로 시작하는 말들만 들어도 손끝이 펄펄 끓는다"고 말했다.

신승민 시인은 2015년 《미네르바》 신인상을 수상하며 시단에 나왔다. 그는 대학에서 한국언어문학을 전공한 정통 시인이지만, 동시에 KBS 소속 현역 방송기자이기도 하다. 구상, 이수익, 유자효, 고두현 등 시인과 기자를 병행한 선배 문인들이 적지 않은 가운데 신승민도 그 전통을 잇고 있는 셈이다. 기자 신승민이 시인 신승민에게, 시인 신승민은 기자 신승민에게 어떤 신호를 보내며 소통하는지 탐색하는 일은 재미있는 과제가 될 터이다.

기자와 시인은 닮은 듯 닮지 않았다. 구상은 "사물에 대한 자기 진실에 대한 욕구가 오늘날까지 나로 하여금 자기 자질에 대한 실망을 되씹으면서도 시를 붙잡고 있는, 즉 시를 쓰는 이유라 하겠다."(「나는 왜 문학을 하는가?」)고 했는데, 이는 두 분야가 추구해야 할 공통의 가치를 제시한 발언이지 방법론까지 보여준 것은 아니다. 구상과 같이 신승민도 자신의 시적 어법을 평생 동안 찾아가야 하는 존재자이다.

　　저 모진 것들을 봐라
　　죽음의 자리에서도
　　기가 죽지 않았다
　　곡소리를 먹고 큰 것들은
　　푸르게 날이 섰다

내 삶도 저러했다
베여도 자라나는 날들이
질긴 뿌리의 젊음이
운명을 뒤덮을 줄 알았다

가차 없는 시절
울어줄 비도 바람도 없이
내리쬐는 가을에
싱싱한 독기가 깎여 나간다

헝클어진 한 세월도
풀리지 못한 채 잘려 나갈 것이다
― 신승민, 「벌초」 전문

　이런 작품을 대하면 그가 "기자로서 여러 현장을 취재하다 보니 알게 됐다"면서 "사람답지 못한 이들의 위선과 가식과 이중 행태가 얼마나 역겨운 것인가" 탄식한다거나, 적어도 "진실을 발견하고 순수를 노래하며 상처를 치유하는 시인만큼은 최소한, 사람다워야 한다는 것을"(「시인의 시, 사람(人)의 시」) 주장할 때의 심정은 짐작하고도 남는다. 그것은 어쩌면 선배 기자이자 선배 시인인 구상이 말한 '진실에의 욕구'와 같은 것이다.
　문혜연 시인은 2019년 《조선일보》 신춘문예에 「당신의 당신」이 당선되어 시단에 나왔다. "새들의 울음은 그들의 이름이 됩니다/우리는, 어떤 이름을 갖게 될까요"라는 물음으로 시작되는 당선작에 대해 "새와 인간의 관계를 통해 인간 존재의 의미를 탐구함으로써 이 시대를 사는 우리의 내면적 삶을 성찰하게 하는 높이가 돋보였다."(문정희, 정호승)는 평가를 내린 심사위원들의 상찬과 같이 그녀의 시는 "감각이 신선하고 섬세하며 사유의 개성이 깊"다. 가령,

 겨울이었다 현과 영화를 봤다 청춘 영화 속 주인공들은 눈길 위를 달리고 이불 속 시린 발을 비비며 청춘은 왜 달려? 묻자 현은 어깨만 으쓱하고 현은 내 발을 자기 허벅지 아래 넣어주고 난 한 번도 전속력으로 달려본 적이 없어 하면 현은 잠시 웃다가 그럼 곧 그때가 올 거야 현은 말하고 난 전속력으로 달리기엔 너무 찬 발을 갖고 있는데 현의 다리는 따뜻하고 현에게는 차갑고 나에게는 따뜻한 이불 속에서 우리는 천천히 미지근해졌고 귤을 먹었다 달콤한 귤도 반씩 나누고 밍밍한 귤도 반씩 나누고 노랗게 물든 손끝으로 서로를 만지던 그런 겨울이었다 눈이 많이 내린 날이었다 현과 나는 같이 걷고 있었다 발가락에 감각이 없어서 종종 멈춰 발가락을 움직여봐야 했고 현은 눈치채지 못할 정도로 조금씩 멀어지고 있었는데 무슨 말을 하고 있었더라 현은 자꾸 그치? 하고 물으면서 멀어지고 있었는데 점점 빨라지더니 결국은 달리기 시작했고 눈길엔 현이 달려간 발자

국들이 선명했다가 다시 내린 눈으로 채워지고 현은 그때였고 나는 아직이었고 늦거나 이른 시간 속에서 요즘은 4시면 해가 지는 것 같고 발은 여전히 차가워서 양털 양말을 샀는데 양털이 자꾸 빠지고 자다가 이불 밖으로 발이 빠지면 발가락을 움직여봐야 했다 밖엔 현이 벌써 열두 번째 달려가고 있었다 밟지도 않은 눈이 자꾸 밟히는 겨울이었다

— 문혜연, 「러브 레터」 전문

여기서 "눈치채지 못할 정도로 조금씩 멀어지고 있"는 현을 느낀다거나, "현이 벌써 열두 번째 달려가고 있었다"는 걸 깨닫는 감각 같은 것은 매우 특별한 시적 예민성을 표상한다. 그렇다. 우리는 천천히 미지근해지고, 조금씩 멀어지고, 물으면서 멀어진다. 어쩌면 빠를 때는 단 한 번뿐이다. 바로 '흰 천을 덮을 때', 100년을 살아도 단 3일이면 우리는 모두 지상을 떠난다.

문혜연이 자꾸 발가락에 감각이 없어지는 '겨울'을 벗어나지 못하는 것도, '흰 천'을 깊이 사유하기 때문이다. "흰 천을 덮고/누워 있는 사람/손을 한 번 잡습니다//차가운 손과/건조한 손이 만날 때/잠깐"(「겨울 숲」) '따끔함'을 느끼는 감각이 있기 때문이다. 그런 점에서 그녀의 산문 「숲과 수프」에 보이는 발신자의 추신은 주목된다. "나의 겨울숲 지기인 당신께/그리운 마음을 담아".

서종현 시인은 2020년 《현대시학》을 통해 등단했다. 그

는 자신의 산문 「시작 노트」에서 "기표가 뛰어놀았던 시절을 기억한다"면서 그때야말로 "인간이 없었을 시절/인간이 가장 인간다웠을 시절"이라고 말한다. 기의와의 연쇄를 끊은 기표가 진정한 자유를 구가할 때, 언어가 내용의 형식을 벗어나 표현의 실체를 획득할 때를 지향하는 선명한 시적 목표가 느껴진다. 코드화된 언어의 굴레에 갇힌 인간은 인간이 아니며, 그 사슬을 끊은 인간이야말로 가장 인간다운 자인지 모른다.

그러고 보니 그는 이번 작품집에 「ㅅ」, 「ㅇ」, 「ㄹ」, 「ㅈ」, 「ㅍ」이라는 제목의 작품을 실었다. 제목이 자음으로만 된 시편들이다. 음가를 갖지만 직접적인 의미를 표상할 수 없는 작품은 '기표가 뛰어놓았던 시절' 말하고자 하는 그의 강한 의욕을 느끼게 한다. 다섯 편이 보여주는 의미의 굴절이랄까 이미지의 회절이랄까 격렬한 열망 같은 것들이 꿈틀댄다.

푸코의 언표장 이론이 말하는 언표의 다질적 공존의 맥락을 가시화하려는 시도로 읽힌다. 하나의 언표는 개별적·고립적으로 존재하지 않으며 서로의 영향 관계 속에서, 계기적인 함축 속에서, 논증적 추론 속에서, 수많은 관계항 속에서 공존의 계기를 형성한다. 서로 의존하면서, 서로 수식하면서, 언표들은 현존하고 병존하고 기억하고 간섭한다. 서종현의 의욕적인 시편은 세계(대상)와 인간(주체)이 참다운 자유를 구가하는 언표장 자체를 상징하려는 시도로도 읽힌다.

> 2
> ㅅ은 ㅅ이 되기 위한 ㅅ의 꿈이다
> 평행하지 않은 두 개의 선은 결코
> 마주칠 수 없는 멀어짐의 선
> 얼굴과 얼굴을 맞닿을 수 없는
> 선의 간격이다
> 비스듬히 기운 선들은 척력의 영역에서
> 인력의 꿈을 꾼다
> 언젠가 하나의 점에서 만나는
> ㅅ의 꿈
> 다가간 만큼 멀어지는
>
> — 서종현, 「ㅅ」 부분

이진양 시인은 2021년 계간 시전문지 《시인수첩》에 「수많은 굴뚝의 집」 외 4편이 당선되어 작품 활동을 시작했다. 심사위원들은 그의 응모작에서 "오랜 창작 이력을" 느꼈다면서 "가족 서사를 바탕으로 그 안에 담긴 페이소스를 '다르게 망가지는 노래'와 '윤곽만 남은 얼굴'의 이미지로 직조한 선명한 작품"이라 평한 바 있다. 또 "스스로의 경험적 구체성과 개성적 문장에 공을 들인 점도 매우 긍정적"이라며 "기율과 방법에서도 삶의 진정성과 이미지의 선

명성이라는 특징을 가지고 있었다."는 상찬을 받았다.

그가 이번 엔솔러지에 담고자 하는 작품들도 상당히 발랄하고 활달한 이미지의 변주를 보여준다. 특히 「비자연언어처리」와 「TOMBOY」 같은 작품에서 보이는 화려한 이미지는 현란하기까지 하다.

언어 실험자는 장난스럽게 코딩되었다.

i) 장전된 벼랑에서 공룡이 피어났다
ii) 시체 번개는 무한의 장난꾸러기를 개발한다
iii) z나무z는 제트기로 시들었다 코 고는 재떨이였다
— 이진양, 「비자연언어처리」 부분

그는 함께 게재된 산문에서 '시옷'으로 글을 쓰려고 했을 때 '실험'이나 '수수깡' 등 "'ㅅ'으로 시작하는 온갖 재밌는 명사들과 추상어, 동사들이 스치고 지나갔다."면서 "그중에 가장 쓰고 싶었던 건 '실패'였다."고 밝혔다. 연이어 자신은 "실패 속에서 자유롭고 싶은 사람이었나 보다."면서 "규율이나 성취보다 중요한 건 언어의 무한한 '운동성'이었고, 나는 그 지점에서 현실을 극복할 수 있는 미세한 가능성들을 발견하면서 살아왔으니까."라고 토로했다.

이런 발랄함, 이런 격렬함이 있어야 세계를 향한 '젊은' 시인의 날카로운 인식이 열린다는 듯 그의 언어가 실로 클

레나멘처럼 어두운 전조처럼 빗겨 내린다. 그렇다면 이 차가운 언어 실험자는 "울컥울컥 예쁜 돌연변이 게워내고 흩날리고/미궁으로 가는 지뢰를 밟았을까". 그것은 이번 시집을 읽는 모든 이들의 몫이다. 실험은 어디까지나 실험이며, 명령체계가 아니기 때문이다.

> 모든 변주는 소름 끼치게 뾰족한 지붕이 된다.
> 여자가 감았던 낡디낡은 오르골의 태엽마저도
> — 이진양, 「TOMBOY」 부분

3.

한국시인협회(한국시협)는 1957년 설립된 우리나라 최초의 장르별 문인 단체이다. 한국을 대표하는 시인들이 회원으로 참여하여 긴 시간 동안 한국 시의 텃밭을 일구어 왔다. 유치환, 조지훈, 장만영, 신석초, 박목월, 정한모, 조병화, 김남조, 김춘수, 김종길, 홍윤숙, 김광림, 이형기, 성찬경, 정진규, 허영자, 이근배, 김종해, 오세영, 오탁번, 이건청, 신달자, 김종철, 문정희, 최동호, 윤석산, 나태주 시인 등이 회장을 맡아왔다.

지난해 회장으로 취임한 유자효 시인은 크게 세 가지 목표를 제시한 바 있다. 첫째는 젊은 시인들의 입회와 육성을 통한 '젊은 한국시협' 만들기, 둘째는 '한국시인TV'를 통한 '보이는 한국시협' 만들기, 셋째는 프랑스어권시인협회 등과의 교류를 통한 '한국시협의 국제화'였다. 세 가지 모두 당연한 과제이지만, 어느 하나 쉬운 것도 아니다.

유튜브나 페이스북, 인스타그램 등 새로운 매체의 활성화로 이전과는 전혀 다른 소통의 채널이 열렸지만, 여전히 시인들은 문자로 대화하는 사람들이다. 언어가 주는 미세한 틈을 열어 자신과 세계의 교감을 문자화하는 사람들이다. 시인들 내면의 언어를 영상화하는 일은 '보이는 한국시협'을 필요로 하는 시대적 요청에 응답하는 일이지만, 그것은 어디까지나 시 예술의 본질을 견지하는 범위 내에서 가능한 일이라는 점에서 비본질적이다.

따라서 '한국시인TV'는 한국 시의 발전을 위해 추진하는 한국시협의 각종 활동을 비교적 간단한 영상 작업으로 보여주고, 그것을 통해 회원들 스스로 시협을 파악하고 함께하는 보조적 채널의 기능을 담당하고 있다. 어쩌면 '보이는 시협'의 당초 목적에 충실한 이런 성과들에 세기가 더해지고 노련미가 가세한다면 시협으로서는 수준 높은 영상 채널 하나를 확보하는 것이 되겠지만, 그렇다고 그것이 시협의 본질이 될 수는 없는 일이다.

오늘날 한국과 한국의 문화는 전 세계적인 주목 속에서 높은 평가를 받고 있다. 한국의 영화 〈기생충〉(감독 봉준호)이 미국 아카데미상 국제영화상, 각본상, 감독상을 수

상했다. 방탄소년단(BTS)의 노래가 빌보드 정상에 네 곡이나 올랐다. 조성진, 김기훈, 김동현, 최하영 등 많은 젊은 음악가가 쇼팽·차이콥스키·퀸 엘리자베스 등 세계 최고 권위의 국제 음악 콩쿠르에서 수상하며 명성을 떨치고 있다. 뿐만 아니라 드라마와 음식, 스포츠, 항공, 방역 등 가히 K-컬처 열풍이라고 할 만하다.

한국의 문학도 그 대열에서 빠질 수 없다. 한국시협이 프랑스어권시인협회와 본격적으로 교류를 시작한 것도 한국 시의 미래를 위한 적극적인 노력이라고 할 수 있다. 한국 현대시는 우리의 정신과 서양의 양식이 만나서 이룩되고 발전되어 왔으며, 그 가운데 영어권과 독일어권, 프랑스어권 시의 영향력은 타 언어권과 비교해 훨씬 강렬했다고 말할 수 있다. 특별히 보들레르, 랭보, 말라르메, 발레리 등 프랑스 시인들의 영향은 보다 직접적이고 지속적이었다. 한국이 최초로 접한 서양문학도 안서 김억(1896~1956)을 통해 소개된 보들레르와 베를렌 등이었다.

한국시협의 교류는 그 자체에 목적이 있는 것이 아니라 어디까지나 한국 현대시를 알리고 소개하는 데 있다. 시인들 스스로 자신들의 작품을 외국에 소개하여 미구에 닥칠 한국 시의 영광된 순간을 준비하는 일이기도 하다. 그리하여 한국 문화가 세계인들의 일상 속을 거닐고, 한국 시가 지구촌 곳곳에서 음송되는 때를 만나는 일이다.

그러나 그러한 미래를 위해서 무엇보다 중요한 것은 '젊은 한국시협'일 수밖에 없다. 그것은 한국 시의 미래를 가꾸는 일이기도 하다. '보이는 한국시협'도 '한국시협의 국제화'도 미래가 있지 않고서는 기대할 수 없는 일이다. 한국시협이 '시옷'으로 모인 일곱 명의 시인들을 지지하고 지원하기로 한 것은 그들에게서 한국 시의 미래를 보기 때문이다. 그들은 한결같이 '쉽게 씌어지는 시'를 용서하지 않는 이들이다. 그들은 '시인의 천명'을 당당하게 수행하고 있는 이들이다. '시옷'의 일곱 가지 색을 입은, 바로 여기에 한국 시의 미래가 있다.

시인수첩 시인선 069
일곱 번째 감각 - ㅅ

ⓒ 이혜미 외, 2023

초판 1쇄 인쇄 2023년 1월 31일
초판 1쇄 발행 2023년 2월 10일

지은이 | 이혜미, 박성준, 황종권, 신승민, 문혜연, 서종현, 이진양
발행인 | 이인철

펴낸곳 | (주)여우난골
주　소 | 서울특별시 강남구 언주로30길 27, 606호 (도곡동 우성리빙텔)
전　화 | 02-572-9898
팩　스 | 0504-981-9898
등　록 | 2020년 11월 19일 제2020-000328호

블로그 | blog.naver.com/seenote
이메일 | seenote@naver.com

ISBN 979-11-92651-07-1　03810

이 시집은 한국문학예술저작권협회 2022년 미분배 보상금 공익목적사업 예산으로 발간되었습니다.

* 파본은 구매처에서 바꾸어 드립니다.